- 美国 ——— 西雅图

- 美国 ——— 麻州

- 美国 ——— 波士顿

- 美国 ——— 芝加哥

- 美国 ——— 圣路易斯

- 美国 ——— 纽约

- 法国 ——— 巴黎

- 法国 ——— 费尔耐–伏尔泰

- 英国 ——— 牛津

- 德国 ——— 汉堡

- 荷兰 ——— 马斯特里赫特

- 比利时 ——— 布鲁塞尔

- 比利时 ——— 布鲁日

- 匈牙利 ——— 米什科尔茨

- 日本 ——— 东京

- 巴基斯坦 ——— 伊斯兰堡

- 马来西亚 ——— 吉隆坡

Experiencing
Bookstores
around the World

全球书店步行

第二辑

步行

汪耀华——主编

上海人民出版社

前　言

◆ 李　爽（上海市书刊发行行业协会会长）

2022 年，《全球书店步行（第一辑）》出版，以文字和图片为载体，带着我们云游全球三十余家书店，慰藉了我们的灵魂。

2023 年，当我们将热情投入重新开启的全球旅行时，《全球书店步行（第二辑）》已经做好准备，这一次，它将化身旅行指南，告诉难以抉择下一站的我们，不妨按图索骥，跟着这 20 家书店看世界。

你可以前往马斯特里赫特，在建于 13 世纪荷兰教堂里的"世界最美书店"——天堂书店的咖啡区小憩，"抬头，是整个书店的热闹景观，仰头，是肃穆的教堂穹顶和壁画"；你可以在布鲁日的中世纪古城，与河道一起在城市中穿行，漫步在林立的哥特式建筑间，"探寻博物馆、艺术展和书店。布鲁日老城区约有 20 家大大小小的书店。在游客最集中的游船码头到大市集广场一段不足 500 米的路上，居然就有四五家书店"，当你走进百年历史的连锁书店标准书店时，会有刹那的晃神，以为是在我们的新华书店，你还可以搭乘东京 JR 中央线去寻访西荻洼站周边的书店……

如果你想走近世界文化名人的灵魂，可以去费尔耐-伏尔泰镇的中心书店，去瓦尔登湖畔的梭罗学会瓦尔登书店，或者，去莎士比亚书店？等一等，书中怎么有两家莎士比亚书店？如果你想的是"过去百年，乔伊斯、海明威、萧伯纳、伍尔夫、波伏娃，他们也许就这么坐着、躺着、站在这里，翻开书，拿起笔，和书店主人聊到天明"的莎士比亚书店，那么请选择去巴黎，在塞纳河左岸"做一棵莎士比亚书店的风滚草"。纽约的连锁书店莎士比亚书店虽然和巴黎的莎士比亚书店没有任何关系。但它"继承"了文坛巨擘莎士比亚的高产，书店特有的"咖啡印书机"，可以根据顾客的需要，在制作一杯意大利浓缩咖啡的时间内印刷并装订一本没有库存的平装书。

在全球书店步行时，最开心的莫过于发现从业者的坚守和后来者的不断涌入。在本书收录的 20 家书店中，满溢着从业者对书店的热爱。被评为汉堡七个最美书店之一的萨克森门书店，"由约翰森的母亲和她的一位女性朋友共同建立。这两位多年的心愿就是开一家书店。她们的耐心等待有了好结果，位于步行街黄金地段的一家花店搬走了，她们马上在那里开了萨克森门书店。约翰森作为第二代掌门人，从 20 世纪 90 年代中期主持书店经营至今。书店从未搬过家，36 年来，一直安安稳稳地驻扎在一栋 1905 年建成的老楼底层"。西雅图菲尼书店的店主汤姆"拥有华盛顿大学英语系美国文学专业的博士学位……他竟然获得过

8次美国著名电视节目'抢答'的冠军……汤姆便是用在'抢答'比赛中赢得的奖金于8年前盘下眼下的书店的前身，用当地社区的名字将书店更名为'菲尼书店'，一直经营至今，并于3年前在西雅图另一社区开了一家分店"。这样的故事在本书中还有很多，就不再赘述，留给大家慢慢品读。

在第一辑的前言中，我在字里行间流露出对书店艰难境况的无奈，可是此刻，我却对书店的前路充满信心：书店永存。

"有些美，只有纸张才能呈现。"1937年创刊、2016年初宣布停止纸本出版、2017年以季刊形式复刊纸质版的《花椿》杂志主编樋口昌树在复刊时如是说。

想以此与曾经存在过的、至今还在坚守的、即将准备开启的书店，书店从业者，以及热爱书店的读者共勉：

有些体验，只有书店可以实现；

祝愿我们的身体和灵魂一起在路上。■

目 录

探访菲尼书店，感觉到经营者的认真态度和拳拳之心

◎ 文 / 刘 健

扫码即可阅读

菲尼书店的门面

2022 年 4 月普林斯顿大学出版社推出了一本介绍实体书店的小册子，书名为《好书店赞》(*In Praise of Good Bookstores*)，作者是著名的美国芝加哥神学院合作书店（The Seminary Co-op Bookstores）的经理杰夫·多伊奇（Jeff Deutsch）。关于这本书，以及美国芝加哥神学院合作书店的历史和经营模式，值得专门撰文介绍。

我第一时间跑到心仪的艾略特湾图书公司购得一本，回家后一口气读完。偌大的西雅图，有数十家独立实体书店，却只有一家出现在这本书中，且作者对其着墨不多。惊讶之余，我对入选的这家不起眼的小书店产生了浓厚的兴趣。书中说，这家书店选书明智、环境怡人，并特别指出店内图书只有两大类："杜撰的"（made-up）和"真实的"（true）。和图书分类打了一辈子交道的我，对这样大而化之的分类法顿时起疑。图书分类是一门学问，但最终目的是方便读者找书。只把图书分成两类，能帮助读者找到书吗？带着这个问题，我在 2022 年 5 月下旬一天的傍晚驱车来到西雅图西北、离市中心约十二公里的菲尼书店（Phinney Books）。

菲尼书店坐落在菲尼社区商业街一角，临街店面不大，不过五六米宽，几乎全部为展窗所占据。推门进去，整个店面呈规矩的长方形，纵深很深。柜台正对门口，左右两侧靠墙各有一排书架，一直延伸到书店深处。果然，一侧书架的顶部醒目地写着"杜撰的"，与之相对的另一侧则是"真实的"。但走近浏览时却发现，"杜撰的"和"真实的"两类图书下面仍有细分，和其他

书店内部

书店大同小异。多少带着点儿失望的心情，我走向柜台和坐在柜台后的两位售货员聊了起来。

巧得很，《好书店赞》就摆在其中一位售货员面前，位于柜台正中非常显眼的位置。我们的话题便从这本书展开。他承认还没读，但知道其价值，也进了许多本。我告诉他，菲尼书店是这本书中提到的唯一一家西雅图书店。他很高兴，说一定要翻一翻。我质疑"杜撰的"和"真实的"图书分类。小伙子面露尴尬，承认是书店有意为之，两个大类下面仍有许多细分。

当时我并不知道，这位坐在柜台后面和我聊了很长时间、长相和电视连续剧《傲慢与偏见》里扮演达西的演员颇有几分相像的小伙子便是店主。他叫汤姆·尼斯利（Tom Nissley）。让我

店主汤姆，柜台上的《好书店赞》及书架上为读者预留的书

佩服的是，汤姆拥有华盛顿大学英语系美国文学专业的博士学位，专门研究 20 世纪初美国文学作品中"白手起家人"的形象，出版过一部厚厚的读者指南书。更让我吃惊不已的是他竟然获得过 8 次美国著名电视节目"抢答"（Jeopardy!）的冠军。这个电视节目曾经是我的最爱，几乎每日必看，甚至曾认真准备、跃跃欲试。汤姆便是用在"抢答"比赛中赢得的奖金于八年前盘下眼下的书店的前身，用当地社区的名字将书店更名为"菲尼书店"，一直经营至今，并于三年前在西雅图另一社区开了一家分店。

　　我告知来意：要为上海书展微信公众号"全球书店步行"专栏介绍所在地的书店。我问："书店特色是什么？"汤姆不假思索地脱口而出："社区。书店的办店宗旨是为社区服务。社区居民需要什么书，我便想尽一切办法满足居民的需要，让居民满意。我一直住在这个社区，在这个社区长大，读大学也没有离开。后来又在这个社区成家。但我认识的人有限，大家都各忙各的。现在不同，我从家走到书店，沿路总有人和我打招呼，叫住我和我聊天、聊书、聊家常。我帮他们找书、订书、寄书，新冠肺炎疫情期间也从未间断。网上购书已经成为常态，既方便又便宜，实体书店实在无法与之竞争。但我的书店却在网上购书高潮时成立，能坚持下来不容易。主要靠个性化服务，我的读者几乎全是回头客，大家抬头不见低头见，经常像老朋友一样相互交流。你看我身后的书架上，全是给读者预留的书。疫情这两年，进店的读者很少。但从今年开始，要求将书留在店里、下班后来取的读者越来越多。"

我在店里逗留的一个半小时里，读者陆陆续续进店，几乎从未间断。他们走到柜台前，聊两句，报上书名，汤姆便回身拿书给读者。

另一个话题是汤姆颇引以为豪的"菲尼邮报"（Phinney by Post），这是一项付费订阅服务，为期一年。每两个月，菲尼书店会给订户寄上一本书（也可以留店自取）。书由汤姆亲自选定，他还会为每一本书写出详细介绍，说明为什么入选。订户只在"杜撰的"和"真实的"这两类书中任选一类，每年收到 6 本书。或者两类皆选，每年便收到 12 本书；逢单月收到一本"杜撰的"书，逢双月收到一本"真实的"书。后来，汤姆又开始了类似的童书订阅服务。汤姆说："许多书店都有类似的订阅服务，但它

系列图书的展台

游记类图书

新书展台

另一个新书展台,
书选得深而精

们主要提供的是图书收藏服务，专注于精装书、畅销书、新书、初版书。我的订阅服务与此不同。我专门去找那些有意思、读者有兴趣读的老书，实际是一种推荐。这些书往往不是现在或近期出版的，一定是我认真读过并喜欢的，我会花很长时间写书评。当然，许多书是我读博时接触过的书。这项服务，我在开店不久后便开始提供了（刚刚寄出第 90 本书），最近有点儿江郎才尽的感觉。"说完，汤姆面露微笑："你身后的书架上放着的便是我这些年选的书。"我问："订户多吗？"汤姆说："还行，增长一直缓慢。今年早些时候，当地报纸对我采访，讲到这项服务，之后订户几乎翻倍，达到近 200 户。"我问："订户反馈如何？有抱怨你选的书不合口味吗？"他说："目前还没有。"

我回身浏览汤姆说的书架，惊异地发现许多书我都不熟悉，有些甚至一无所知，书架上的书大部分都不在畅销排行榜上，也不是获奖作品，这让我好奇，这个社区，虽说在西雅图属于中等偏上，但这里的读者的品位真的如此高雅吗？我心里一直有一个疑问：社区服务其实是双向的，书店为社区居民提供有价值的服务才得以生存，而社区居民也乐见身边这类独立书店的存在，因而也尽力支持。类似的服务在公共图书馆、社区老人中心等公共服务场所可以看到，经费主要靠财政补贴。书店是商业性质的，靠利润生存。支持书店就要在书店购书，这种订阅服务不正好是支持书店的途径之一吗？我的疑问实在不好意思向汤姆直接求证，但我觉得应该是这样的。一个社区书店的关门，一定会留下让社区居民颇为尴尬的空白。相反，一个社区书店的开张，也一

"菲尼邮报"所选的
部分图书

2021 年书店卖得最多的
100 本书中的前 10 本
（图片来源：书店官网）

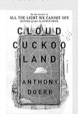

定会给社区带来方便，提高社区居民文化生活的质量。

菲尼书店还提供免费的"每周书讯"服务，每周将新书信息发送到订户的电邮地址，今天我正好收到了最新一期，这一期正赶上菲尼书店创店八周年。除了平常的书讯外，每年的这一期包括上年的书店销售总结，列出书店卖得最多的 100 本书。书单本身并不多么新奇，但也确实让人感觉到书店经营者的认真态度和拳拳之心，难免让喜欢书、心存支持书店之意的读者忍不住从中选几本放在自家的书架上或分赠亲友。

最后，讲一个我观察到的有趣的现象。菲尼书店的大展窗里不但有图书，还有好几盒拼图，每盒 1000 块。喜欢玩拼图的人都知道，拼 1000 块的拼图是很难的。我在别的书店也见过，但这里把拼图摆在很显眼的位置，而且存量不少，显然是有销路的。我在店里滞留了近两个小时，不好意思空手离开，临走前买下一盒"狄更斯的世界"，算是我对实体书店的小小支持吧。■

部分拼图

瓦尔登湖畔的书店

◎ 文 / 杜先菊

扫码即可阅读

梭罗学会瓦尔登书店

曾几何时，我们虽然留恋实体书店，却还是不约而同地转向网购，得到朋友的推荐，或者看到别的书中提到了一本书，都习惯性地上网下单：登录、搜索、选定、付款，想要的书就寄到了家中。2008 年 6 月这期《纽约客》的封面，精确地捕捉到了书店和阅读史上这一翻天覆地的变化：书店店主早上开门时，他的隔壁近邻正在接收快递员送来的亚马逊货箱，里面无疑是书；邻居脸上略显尴尬，却还是会接下舍近求远网购来的书籍。

　　十几年过去，网购的支配地位更加稳固，很多连锁书店纷纷关门，美国第二大连锁书店博德书店于 2011 年彻底关张，独立书店更是无以为继。我家附近以前有一家独立书店，店名很美，叫杨柳（Willow）。"哈利·波特"系列是 1997—2007 年间出版的，每一部出来，都有性急的读者早早起来，在书店门前排队买新书。我去那里，是为了买比尔·阿门德的"狐步舞"卡通系列。店面很宽敞，还有一支本地古典乐队在现场演奏。我给学校老师或孩子的小朋友们买礼物时，也会买这家书店的礼卡。读书人也势利眼，总觉得 25 美元的书店礼卡，胜过 25 美元的甜甜圈礼卡。忽然有一天，收到一条消息，店主要退休，书店不打算开下去了。收到店主的信息后我伤感了很久，不好意思趁火打劫，手头的书店礼卡就留作纪念了。书店关门后，店面空置了几年，每次路过，我都直直看着前方，不忍心看紧闭的店门。后来才听说，店面被一家中餐馆的老板买下，现在成了一家中国超市。新冠肺炎疫情一来，我们马上转为远程上班模式，慢慢进入新的生活节奏。两年之后才发现，这两年中，很多小生意无以为继，周

2008 年 6 月《纽约客》封面

围的实体书店却继续生存着，而我们难得出门，去得最多的，除了超市以外，竟是书店。

梭罗学会瓦尔登书店

　　我住得离瓦尔登湖不远，附近最著名的书店就是梭罗学会瓦尔登书店（Thoreau Society Shop at Walden，以下简称瓦尔登书店）。1922 年，爱默生家族将瓦尔登湖周围的土地捐给麻州政府，指定将瓦尔登湖开放给公众游泳、划船、钓鱼、远足。1975

瓦尔登书店旧店

瓦尔登书店新店

年，瓦尔登湖成为州立公园。世界各地慕梭罗之名前来瓦尔登湖的访客络绎不绝，1995 年，瓦尔登书店正式开张。

瓦尔登书店初开时，是在一所小房子里。2016 年，瓦尔登书店开始翻修，同年 9 月 27 日，新书店正式对外开放。新书店不仅仅扩大了面积，更重要的是它的风格：整座建筑由原木建成，结构轻盈、线条简洁，和梭罗的小木屋风格一致，与周围的

各种版本的《瓦尔登湖》(左)；梭罗著作和梭罗传记（右）

树林浑然一体。

瓦尔登书店出售的图书，主要是与梭罗、瓦尔登湖、康科德其他作家有关的著作。占据中心位置的当然是各种版本的梭罗著作和梭罗传记，《瓦尔登湖》《鳕鱼角》等，还有各种译本，包括中文译本。

自从徐迟翻译的《瓦尔登湖》于 1949 年首次出版，国内目前已经有几百个版本的《瓦尔登湖》，来瓦尔登湖"朝拜"的中国人也络绎不绝，新冠肺炎疫情前的极盛时期，来瓦尔登湖的游客中，华人要占四分之一到三分之一。有看湖的，有看梭罗小木屋遗址的，也有特意来看书店的。

当年海子在山海关卧轨自杀时，随身带着四本书，其中一本就是《瓦尔登湖》。他还写了一首诗《梭罗这人有脑子》。如今，收录了这首诗的英文版的《瓦尔登湖的回声》，被摆上了瓦尔登湖书店的书架。除了梭罗的著作，书店中还陈列着康科德其他作家如爱默生、路易莎·梅·阿尔科特、玛格丽特·富勒和霍桑等人的著作、传记和译著。

梭罗是一位自然文学作家，瓦尔登书店除了本地作者的著作以外，还有一个重要内容就是自然文学作品和与生态环境有关的著作。进门显眼处，就是著名的研究大猩猩的科学家珍妮·古道尔的《希望之书》，上面还贴着一张绿色小条，写道："她 2022 年 7 月要到康科

① ③
② ④

① 爱默生书架
② 《小妇人》和玛格丽特·富勒
③ 珍妮·古道尔的《希望之书》
④ 其他自然文学作品

德来!"2022年7月的梭罗年会上,珍妮·古道尔将会获得亨利·戴维·梭罗自然写作杰出文学奖。

瓦尔登书店近水楼台,这里出售的图书,往往有作者签名。研究梭罗和其他康科德作家的专家们也会前来签售。书店太小,作者们的讲座都在镇上举行,到店里来只是来签名。

2021年6月8日,梅根·马歇尔到瓦尔登书店为她的书签名。她的《皮博蒂三

梅根·马歇尔

姐妹》和《玛格丽特·富勒》都是杰作，后者还赢得了 2014 年的普利策传记奖。富勒的生平我比较熟悉，马歇尔为她所作的传记虽然根据翔实的史料写成，却写得像虚构文学一样充满激情，令人为富勒丰富、曲折的一生扼腕叹息。从一开始，瓦尔登书店就和寻常书店不同，这里销售的并不仅仅是书籍本身。梭罗在《瓦尔登湖》中说："孩子们来采莓，铁路工人穿着干净的衬衫星期天上午来散步，渔夫和猎人，诗人和哲学家，简而言之，所有诚实的朝圣者，他们到森林里来寻找自由，真正把村庄留在后面。"人们来瓦尔登湖，是为了去湖边散步，去湖中游泳、划船、垂钓，或者在湖边痴坐、冥想。于是，店中也出售服装、艺术品、卡片、珠宝、纪念品，甚至饮料和小吃。店中出售的商品大都和梭罗、爱默生及各位作家有关，很多艺术品和照片都是本地艺术家和居民创作、拍摄的。

瓦尔登书店出售的纪念品

瓦尔登书店出售的纪念品

理查德·史密斯

　　瓦尔登书店不大，店员们却都是藏龙卧虎之辈。这些工作人员大部分在书店都只兼职，其主业是科学家、作家或自然学家，对梭罗、爱默生那一群作家、对康科德镇的历史、地理和本地动植物都很了解。他们中很多人也是著作等身，很乐意与顾客谈论各种话题。

　　这是理查德·史密斯，哈佛大学历史系毕业生，梭罗专家。他在店里上班，有时也穿戴整齐，扮演梭罗，在梭罗小屋门前静坐，或者在湖边与游客交谈。照片上他在店中戴上梭罗口罩，当起了模特，口罩上是梭罗最著名的照片，1856 年摄于伍斯特。书店里也有很多特别的纪念品。书店扩建时砍掉了一些树，这些纪念品就是用砍下的树干或树枝制作的，上面刻的是梭罗的名言。衬衫和帽子上印有梭罗的口号：简朴，简朴，简朴！

镇中心的大书店：康科德书店

瓦尔登书店虽好，毕竟太小太专业，需要其他图书的，可以去镇中心的康科德书店。康科德镇中心都是矮矮的旧房，看着"老破小"，其实是刻意为之，此地寸土寸金，开发商们觊觎已久，但康科德人花费亿万资金，买下周围土地，任其抛荒，令花草树木、走兽飞禽自由生长。康科德书店招牌不大，却十分醒目；橱窗里摆的都是女性作家的作品，显示出这个小镇虽古，却和两百多年前一样，一直站在美国思想潮流的前沿。

进得店来，发现其实面积不小。本镇和新英格兰地区作者的

康科德书店外景

康科德书店内景

著作占了两排书架，其他的都是一般书店都有的图书：历史、地理、人文、科学、艺术、音乐、旅游、休闲，应有尽有。新冠肺炎疫情稍缓后再次开放，读者脸上都挂着喜气，大家都互相感慨着：又能上书店了，真好！

我从书店里出来，正值夕阳西下，小镇沐浴在金色的阳光下。这里是人类精神生活生命线的一部分，小镇因为镇上的作家而著称于世，正是他们的著作，滋养着这家书店，也滋养着美国各地和全世界的书店，滋养着所有光顾这些书店的读者们。

街角的小书店：银色独角兽书店

大书店之外，还有街角的小书店。从前常去的杨柳书店关掉了，新的银色独角兽书店开张了。店主保罗·斯威丹原来是体育记者、作家，杨柳书店关闭后，他在 2018 年开办了银色独角兽书店。我网购图书已久，并不知道此事。2019年夏天，朋友吉普·威尔逊告诉我，她反映第二次世界大战期间德国青年反法西斯地下活动的著作《白玫瑰》终于出版，而且要搞一次签售活动，我一查，发现地点居然就在这家小书店。

这家书店的原址是一家洗车房，周围是比萨店、咖啡馆、酒店，旧书店关了，新书店却取而代之，成了附近书迷乐于光顾的地方。书店的特色是营造了培养小读者的氛围。每到星期六，书店就像图书馆和学校一样，举办故事会，花地毯

①　③
②

① 银色独角兽书店
② 银色独角兽书店的小门洞
③ 银色独角兽书店内景

上堆着豆袋沙发，供小读者们席地而坐，周围是矮矮的书架，摆放着儿童读物。我给自己的孩子读过书，也去学校给小朋友读过书、讲过故事。读书和讲故事时，最动人的就是那一张张小脸上的好奇和期待——孩子们围成一圈，"听妈妈／老师讲那过去的故事"，我想，实体书店中面对面直接传递的神秘和奥妙，是网上购书永远也无法提供的体验。

银色独角兽书店，满足了小朋友的好奇心和期待，持续两年的疫情，并没有扼杀掉他们的好奇心和期待。2021年夏天，疫情稍缓时，我又去参加了一次签售活动，虽然是在户外，虽然大部分读者还戴着口罩，但起码我们能够暂时忘却疫情，沉浸在书中，那两个小时，弥足珍贵。

几个孩子在书店中跑来跑去，一晃却不见了。我以为他们钻进了专为儿童开的小阅览室。买完书离开时，一不留神，脚下钻出一个小孩，回头一看，原来书店的墙上有一个小门洞，小孩子们就是从这个小门洞钻来钻去的。这家书店虽小，却也具备了书籍生命线的所有要素：作者、书籍和读者。这些小孩就是未来的梭罗、爱默生、路易莎·梅-阿尔科特、玛格丽特·富勒、霍桑，他们也会写出未来的《瓦尔登湖》《自然》《小妇人》《红字》，也会是在书店流连忘返的读者。因为他们在书店里长大，书籍，是他们天生不可或缺的营养。而书店，就这样源源不断地为我们输送着营养，就这样延续着人类精神生活。▮

历史的交叉点
——布拉特尔书店

◎ 文 / 杜先菊

扫码即可阅读

皮博迪书店正门（张又年摄影）

2022 年夏天，我有一个新发现——波士顿的布拉特尔书店。

玛格丽特·富勒和皮博迪书店

我首先发现的，是皮博迪书店。

2022 年 7 月，梭罗年会总算如期而至。因为新冠肺炎疫情，2020 年的年会取消了，2021 年的年会在线上举行，2022 年的年会说是线上线下混合，其实绝大部分参会者都迫不及待地到康科德来了。

我以前在年会上的几次发言都是谈梭罗，2022 年改谈玛格丽特·富勒。新英格兰超验主义运动中，爱默生和梭罗的贡献众所周知，玛格丽特·富勒是他们的杂志《日晷》的编辑，自己也写作了《十九世纪的女性》(*Women in the Nineteenth Century*) 等重要著作，还是《纽约论坛报》的驻外记者。她认识意大利民族解放运动领袖马志尼，向美国实时报道了 1848 年欧洲革命期间意大利民族解放运动的进程。

在准备发言的过程中，我最大的惊喜就是发现了玛格丽特·富勒和波士顿华人历史的关系：玛格丽特·富勒于 1839 年至 1944 年间对公众开办讲座，地点就在距中国城不远的波士顿西街。180 年前，那里是皮博迪书店所在地。

在波士顿这样的老城里，中国城往往紧靠着金融区。从波士顿市政厅出发，沿着华盛顿街往东走，路旁有一家派拉蒙影院，"Paramount" 招牌的所有字母都亮着——经济不景气时，这个招牌常常有字母黑着。走过派拉蒙影院以后，便从金融区进入中国城。查一查手机，进入中国城后的第一条街就是西街，我要找的书店近在咫尺。

远远看去，这里是一座极旧极旧的低矮楼房，现在叫布拉特尔书店，但墙上的绿色标牌标志着这里曾经是皮博迪书店。书店有三层，最抢眼的是一层门脸上的一支铅笔。多年前考托福、GRE 时，就必须用这种黄色的 2 号铅笔。书店门脸上的这支铅笔的橡皮头已经不圆了，像是被一个紧张的学生神经质地咬过，或者被一个漫不经心的学生浑然不觉地咬着胡思乱想。不知道这是设计师有意为之，还是多年来风雨摧残，抑或是顽劣之徒蓄意破坏的结果。

书店左面的墙上，贴着这样一张标牌，标明这是波士顿市地标委员会选定的重要地标。

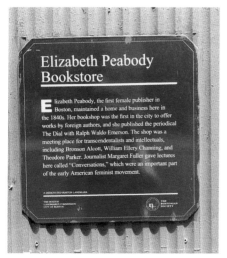

波士顿市地标委员会选定的重要地标（张又年摄影）

这是标牌上的说明："伊丽莎白·皮博迪，波士顿第一位女性出版家，19 世纪 40 年代在此居住、经商。她的书店是波士顿市首家提供外国作者作品的书店，她还和拉尔夫·沃尔多·爱默生一起出版了期刊《日晷》。这家书店是超验主义者和知识分子们的聚集场所，包括布朗森·奥尔科特、威廉·埃勒里·钱宁和西奥多·帕克。记者玛格丽特·富勒在此处作她名为'对话'的系列讲座，这个系列讲座是早期美国女权运动的重要组成部分。"

1840 年，《日晷》杂志已经出过两期，富勒开始在皮博迪的家中与对她的话题真正感兴趣的人聚会。伊丽莎白·皮博迪在这里刚刚成立了"外国书店"，它既是一家书店，也是一家会员图书馆，专营进口图书、杂志。书店兼图书馆占据了皮博迪从西街租来的砖房的第一层，离波士顿公园只有半个街距，拐角就是华盛顿街。皮博迪家族住在楼上，玛丽·皮博迪教书，后来成为作家纳桑尼尔·霍桑妻子的索菲亚·皮博迪在她的卧室兼画室里绘画、雕塑。

书店很快成为新英格兰超验主义者的聚会场所，他们在这里不定期聚会，一直持续了四年，直到成员们各奔东西。

令我感到特别惊喜的是，玛格丽特·富勒在此讲学的那几年，华人也开始进入波士顿。1833 年至 1939 年间，波士顿港的南湾地区逐渐被填满，华人的进入，为这个地区带来了特殊的文化氛围、极具中式建筑风格的餐馆和百货商店。波士顿唐人街步行游览的线路，就以这座书店作为起点。

波士顿是美国最具多样性的城市之一，而这个皮博迪书店在这个独特的地点，同时见证了妇女解放运动和少数族裔的成长和繁荣。梭罗年会自然是"进步思潮"汇集的地方，妇女解放运动和少数族裔在波士顿落户，起点居然是同一个，令人颇有些跨越时空、不知今夕何年的感觉。

乔治·格罗斯和布拉特尔书店

其实，布拉特尔书店比皮博迪书店还要早些年头，它成立于 1825 年，是美国最早的书店之一。顾名思义，书店本来是建在布拉特尔街的。一百多年后的 1949 年，现任书店主人肯·格罗斯（Ken Gloss）的父母乔治·格罗斯和多利特·格罗斯即将结婚时，决定买下这个书店。书店当时经营不善，即将倒闭，乔治·格罗斯和多利特·格罗斯倾其所有买下书店以后，不仅救下了书店，还通过自己的努力和对书籍的热爱和了解，把它变成了经营旧书业的名店。

乔治·格罗斯善于为书店做广告，每次书店搬家，他都变着花样吸引客户，搬家之前几个星期，他都大幅促销，到最后差不多等于免费送出，吸引了大批客人。

1969 年，因为市政厅扩建，布拉特尔书店被迫搬离布拉特尔街，搬往现在的地址西街，也就是原皮博迪书店所在地。乔治·格罗斯开着车，向围观的路人扔着书，嘴里高喊着："西进，西进，爱书的人们！咱们到西街去！"他在波士顿公共公园的演讲和他慷慨的慈善活动，使格罗斯和布拉特尔书店都成了家喻户晓的名字。

不幸的是，1980 年，一场大火烧毁了布拉特尔书店所在的五层木质大楼，所有图书、杂志和图片全部化为灰烬。

父亲乔治和儿子肯决定重整旗鼓。他们找了个离烧毁的书店几个门面的地方，把他们找到的书放在桌子上，从零开始，重新开张。很多波士顿人听说了书店的不幸遭遇之后，都把书拖着、扛着带到西街，捐给他们的书店。连时任市长凯文·怀特也给书店送来了一汽车书。书店幸存下来了。

不仅幸存，布拉特尔书店还因时就势，发明了一种独具特色的经营方式。书店原来的建筑烧毁了，留下了一片空地。这片空地就在现在西街9号的书店的隔壁，如今成了旧书爱好者的乐园。带轮子的小车和书架上，摆着成千上万的旧书，供旧书爱好者和过往行人翻阅。今天，"室外售书"成了布拉特尔书店经营

布拉特尔书店售书场

方式的重要组成部分，这个售书场，也成了布拉特尔书店在图书市场的特色招牌。

这两张照片照得灰蒙蒙的，三面的红砖墙看起来也脏兮兮的，其实拍照的那天天气不错，我起初误以为布拉特尔书店只是和本地图书馆一样，趁天气晴好，周末摆摆书摊。哪知道这个售书场每星期六天，除去雨雪天，是全年经营的，早上，店员们就将带轮子的书架一个一个地推出来，供书迷淘宝。书很便宜，一眼望去，都挂着 1 美元、3 美元、5 美元的黄色标签。

每一个角落都有珍宝

书店看着其貌不扬，从书店正面的墙壁到售书场，都显得年久失修、破败不堪。进得书店，却是别有洞天。

书店总共有三层，沿墙都是书架，另有四条走道，走道两旁，所有的书架上都密密麻麻地摆着书，一直摆到 10 英尺（约合 3 米）高的天花板。店内面积有 5500 平方英尺（约合 511 平方米），陈列着大约 25 万册书。这个数字，也包括了售书场上展销的特价书。

书店一楼出售的是小说、艺术类图书、儿童读物和战争题材读物等图书。沿着大理石台阶走上去，二楼主要出售的是非虚构著作，包括宗教、音乐、古典类、美国历史和世界历史类著作。书店号称"专营非专营"，存书视购进卖出而定，读者每次光顾，看到的存书都会有所不同。

三楼出售的是书店最贵重的图书——古董书、初版书等等。

布拉特尔书店楼梯间墙上的招贴广告

楼梯间的墙上贴着出售这些珍品的招贴广告：亚伯拉罕·林肯的一张签名照片，售价 7.5 万美元；乔治·格什温的签名传记，2万美元。

更有意思的是，居中的竟然是《梭罗全集》的广告，1906年出版的 20 卷手稿版，已经卖出，卖了 8750 美元。

站在书堆中的是店主肯·格罗斯。他除了经营书店、评估旧书，也常常上电视、办讲座，公共电视台（PBS）上有个著名的节目《古董路演》（Antiques Roadshow），他常常是座上嘉宾。

肯·格罗斯的太太乔伊斯和她的婆婆多利特一样，也是经营

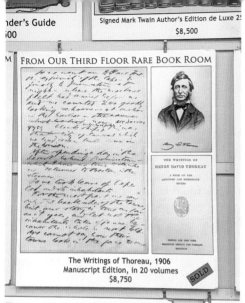

《梭罗全集》手稿版的广告　　　　　店主肯·格罗斯

书店的重要人物。多利特一直工作到 2004 年才退休，退休前那些年，她每天都在店里认认真真地人工统计每一天的销售额。儿媳乔伊斯的作用更大，她自己也成了珍稀图书评估专家，平时负责书店的经营管理，主管网络销售，也负责采购和评估书价。

　　布拉特尔书店看着古老，在很多方面也停留在过去，这么多年了，书店还没有一份电子书单。网上书店和拍卖网站的出现，对实体书店构成了很大的挑战。布拉特尔书店成为硕果仅存的传统书店之一，其生存主要依靠忠实读者，他们喜欢实体书店带来的人与人的接触。另外，这里还能够提供淘书人在别处淘不到的书，外地来的淘书人，若是太贪心，淘得太多，书店也可以帮他们把书寄到家中。

告别书店前，我在门口的小桌子上拿了两本免费的小册子，主题都是无政府主义，一本是一位瑞典人撰写的无政府主义的爱情法则，另一本名为《黑人解放和无政府主义》。我对其内容不置可否，倒是想想这个书店的历史，不禁莞尔：别看这个书店外形颓败，里面摆放和出售的也是从前的旧书，在精神上，这个书店，从伊丽莎白·皮博迪和玛格丽特·富勒时代的妇女解放运动和超验主义哲学开始，倒总是标新立异，一直站在时代的前沿。■

墙虽破旧，但有名著装点，便五光十色起来（张又年摄影）

最为方便实用的学术书店
——芝加哥神学院合作书店

◎ 文／董　薇

扫码即可阅读

最初的芝加哥神学院合作书店就位于这所建筑的地下室，
现在这里是芝大的一个经济学研究所

在 2022 年 7 月 16 日发布的"全球书店步行"系列微信推文中，刘健先生提到《好书店赞》一书及其作者芝加哥神学院合作书店总经理杰夫·多伊奇，认为"这本书和这家书店的历史和经营模式值得专门撰文介绍"（见前文）。为了详细介绍这家北美乃至全世界闻名的书店的今昔，我在离开芝加哥大学（以下简称芝大）多年后，两次驱车前往芝大的所在地——位于芝加哥南端的海德公园，再探究竟。

1961 年，五位芝加哥神学院（Chicago Theological Seminary）的学生宣布成立芝加哥神学院合作书店（The Seminary Co-op Bookstore，以下简称合作书店），就此开启了这家芝加哥学术书店的传奇。这家书店最初因受 20 世纪 60 年代学生运动的影响而实行合作社成员集体所有制，其经营目的也是满足芝加哥神学院及其周围包括芝加哥大学在内的学术机构的教职员工和学生们的研究和求学需求。其成员规模也从最初的 7 人发展到现在的 5 万多人。

合作书店其实在最初的 52 年里（1961—2013）一直屈身于芝加哥神学院的地下室里（5757 S. University Ave）。面积不大、通风不好，不仅过道局促，还有各种管道暴露在墙壁上和天花板下。但这并不影响合作书店成为全美国甚至全世界都知名的书店。书店的成功主要依赖于其管理人员对美国和世界近当代学术发展的了解和对书籍的判断力。1969—2013 年的四十多年间，合作书店在总经理杰克·塞拉（Jack Cella）的领导下，以对各学科的广泛涉猎和对学术著作的独到眼光，逐步成为世界一流的书店。

　　杰克·塞拉把合作书店的成功归结为书籍、思想和心灵生活对大学及其周围社区的重要性。他认为在经营书店这样的事业中，经营者、读者和所展示的作品都要勤于变化。因为读者常常在赞赏书店某些做法之余，还会直截了当地提出要求："为什么没有增加这个项目？"杰克·塞拉博览群书后所作的图书分类曾经是合作书店的著名特征之一。美国著名的印度学专家温迪·多尼格看到合作书店的图书分类时曾这样说："我们所有的想区分宗教历史学和人类学的努力都付之东流了。如果杰克认为宗教历史学和人类学是一样的，那就是一样的吧。"

合作书店于 2012 年搬到新址

据说曾有一位芝大校长提到，宁愿失去任何一位芝大教授也不愿失去杰克·塞拉，虽然塞拉本人谦虚地表示不同意此种提法，但合作书店的重要地位仍在多方面表现出来。1983年的诺贝尔物理学奖获得者、印度裔天体物理学家钱德拉塞卡尔（Subrahmanyan Chandrasekhar）教授，在1995年行将去世前，交代他的妻子把他的骨灰撒到5个在他常常盘桓的心爱的地方，其中一个地方就是合作书店门前的草坪。

2013年，杰克·塞拉从合作书店退休。在全美范围内寻找一位"灵魂会在书店里扎根的"的经理后，合作书店董事会决定雇用杰夫·多伊奇（Jeff Deutsch）为书店的第二任总经理。

杰夫·多伊奇曾在加利福尼亚州的斯坦福和伯克利经营书店，他和家人跨过半个美国来接手中西部的这家著名书店，就是要继承和继续实现他和杰克·塞拉共同的理想：书店存在的价值就是让读者找到最适合的图书，让图书遇到最合适的读者。为了这个目标，合作书店六十多年来一直秉承为读者提供浏览书的空间这一原则，不以盈利为目的，旨在丰富读者的心灵生活（life of mind）。杰夫·多伊奇说："我们希望书架上的书都能卖掉，但是，即使（有些书）卖不掉，我们相信这些卖不掉的书也会因丰富大家的浏览经历而有利于其他书的销售。"为读者提供浏览机会是合作书店最主要的产品，书店存在的目的就是"帮助社区读者找到下一本想要读的书"。

2021年，杰夫·多伊奇作为书商代表成为普林斯顿大学出版社董事会的一员。2022年，普林斯顿大学出版社出版了他

合作书店新址保留了地下室时代管道裸露在天花板下的特点，但其 9700 平方英尺（约合 901 平方米）的空间明显比过去要宽敞多了

的《好书店赞》(*In Praise of Good Bookstores*)。在书中，杰夫·多伊奇提到在 1994 年，全美国大约有 7000 多家独立书店，到 2019 年，只剩下 2500 家左右。而活下来的书店的大部分还要靠卖卡片、咖啡和袜子等来增加利润，保持账面平衡。即使在这种状况下，身为总经理的杰夫·多伊奇仍然不改初衷，坚持认

为好的书店反映着社区的存在和喜好，而优秀的书店则同时反映和创造着她的社区（文化）。合作书店，在他看来，就是这样一个闻名全美的优秀书店。虽然他为了增加书店的"薄利"引入了"Plein Air"咖啡店，杰夫·多伊奇声明，自己并不为此而骄傲或羞愧。因为书店不只是为满足人们的根本的物质需求而存在的，更重要的是引导产生一种有意义的生活。

不以营利为目标的书店，到底怎样运作和维持呢？带着这个疑问，我第二次来到合作书店，采访杰夫·多伊奇。在采访开始之前，我在问讯处的柜台上看到他给社区读者的一封信。信中将"睿智的低效率"（wise inefficiencies）作为和买低卖高的零售业模式相对抗的合作书店的特色经营模式，并特别强调

杰夫·多伊奇《好书店赞》封面

在 2019 年，合作书店成功转身，从会员参与的合作社模式书店，转变成为全美国唯一的一个非营利书店。从财务分红（financial dividends）转变为"文化分红"（cultural dividends），这又是怎样的一种转变呢？带着这些疑问，我开始了对杰夫·多伊奇的采访。我的问题是从他新出版的书开始的。

Wei（本文作者简称，下同）：杰夫，我的第一个问题是你为什么会写《好书店赞》这本书呢？

Jeff（杰夫，多伊奇简称，下同）：我觉得，总的来说书店的作用是被低估了的。我们的书店是一个很独特的存在，很难用一两句话描述清楚。我认为我们书店的传统是值得好好保存和延续下去的。如果我们不把我们书店的独特之处呈现于世，也就是将书店作为浏览的空间，让读者/顾客徜徉于书架之间，找到自己心仪的图书，并产生心灵的共鸣，我担心我们这个好书店的传统终将因得不到延续，而悄然流逝。

Wei：那么现在这本书出版了，你觉得会实现自己最初的构想和目的吗？

Jeff：这就要由读者来决定了。只要合作书店能继续繁荣下去，成为超越我们一代或几代人的存在，那就是一种成功。

Wei：我看了一些对你的书的评论，有些人说合作书店的存在和成功有她的特殊性——环境、读者/顾客群、特别的财务支持等等，对此你怎么看呢？

Jeff：这个观点不完全正确，我们没有特别的财务支持。有人说，合作书店坐落在海德公园，芝大校园内，有特别的读者/顾客群来支持书店的运作。这个说法也不全面。确实大家会时常光顾书店，但这些光顾不足以支撑书店的存在和运作。我写书的目的，除了展现合作书店的独特之处外，还有就是希望能为书店找到其他财务支持，不然，合作书店是无法成功地长久存在下去的。

Wei：我刚刚看了你写给社区读者的一封信，提到书店的财务收益。你能介绍一下这封信吗？

Jeff：这封信旨在指出把经营书店当成零售业的一种是一种谬误。零售业是要在批发和零售之间低买高卖，必须重视流量，牟利求生存。我们从事的不是零售业，图书流通得很慢，资金周转极为低效。书店的盈利要靠不同的模式来支撑：比如社区提供的资金、市里的支持、书店通过咨询和设计引入的资金等等。书店进 2000 本书和商店进 2000 双袜子是完全不同的概念。书店进书需要有训练有素、了解社区需求的人员一本本挑选，决定每种进几本，而商店进袜子只需要进不同的尺码而已。总之，零售业的模式是不适合经营书店的。

Wei：你是说书商是特别的商人吗？

Jeff：我是说书商是经过特别训练、对图书有敏锐辨别力的商人。而零售商不需要这种辨别力。21 世纪，读者已经不需要从书店买书了，书店也不能只靠卖书求生存。我们为什么还需要书店呢？书店怎样才能经营下去呢？

Wei：所以你认为书店就是要给读者提供浏览的时间和空间。

Jeff：对的，书店的产品就是读者浏览书的过程和经历。在书店里为读者创造和提供这种时间和空间需要从业人员经过特别的职业训练。

Wei：谈到书店的空间，你的图书分类是根据什么来决定的呢？

Jeff：我现在的图书分类和我的前任及来芝加哥前在斯坦福的我都不一样。我觉得十年后我的图书分类和现在也会不一样。因为我认为图书分类应该反映社区的需要并创造出新的社区文化。我们的目标不是固定的分类，而是要帮助建立读者与图书之间的联系。比如，以前我们没有印度学的独立分类，只有南亚历史类，我们觉得印度学方面的学术著作值得有自己的分类，所以就把它独立出来。再比如，我们把科学类细分为生命科学类、地球科学类、化学类和天文学类等。过去合作书店从未强调过这个部分，但现在大学在强调科学、技术、工程和数学，我们的书店也要顺应这个变化，以便读者有更好的浏览经历。

Wei：2019年，你帮助把合作书店转变为非营利书店。这是

杰夫·多伊奇在新分类出来的东亚和南亚宗教类图书书架间

怎样一种转变，其意义又是什么呢?

  Jeff: 谢谢你的这个提问。我们是第一家也是唯一一家非营利的以卖书为目标的机构/书店。其他的非营利组织有书店，但它们的书店是以营利为目标的。我们坚持合作书店的文化价值是卖读书的经历，也就是说让读者浏览书是我们的最重要产品。把书店转变成非营利书店其实只是实至名归，因为我们很长时间以来在财务上一直是亏损的。但是文化上，作为一家书店我们是成功的。所以我们特地保留了我们的文化传统，并且，我们不认为我们在亏损，而是在进行文化投资。因此，我们想让语言反映出现状，让公众、书商和各种机构了解到我们的工作是以文化为中心的，而不是以营利为目标的。

Wei：那会员制还存在吗？我刚刚买书的时候，发现我还是会员呢。

Jeff：你过去是持股的会员，是书店的拥有者之一。现在书店成为非营利机构，会员制的存在是让大家对书店有参与感，会员身份不再具有任何股份价值。

Wei：你常常提起读者的浏览经历是合作书店最重要的产品。那么，这些浏览者都是谁呢？是谁让合作书店成为芝加哥南部的文化标志呢？

Jeff：这个问题有一个非常美丽的答案。我们这个社区有一个不断变化的读者/顾客群。人们从美国和世界各地来到学校，他们有着截然不同的背景和知识需求。芝加哥南部有着丰富的音乐、艺术和文学传统，特别是布朗兹维尔和密歇根湖南岸都产生了世界闻名的杰出的文学和音乐作品。还有就是这里的居民，可能是在芝加哥南部传承的第三代和第四代了，他们也来书店浏览。也有人是从爱达荷州的农村来这里上学，以前从来没有进过我们书店，现在也慕名来书店阅读。当然，也有诺贝尔奖获得者，来书店浏览自己所在领域最新的成果。除此之外，还有许多其他不同背景的浏览者。总的来说，我们的书店没有门槛，任何人只要对图书有兴趣，就可以成为我们书店社区的一员。不管他们是否意识到，他们都是我们不可或缺的成员。

Wei：书店的全名是芝加哥神学院合作书店，人们听了这个名字是不是觉得有些奇特啊？

Jeff：是啊，现在书店既不在芝加哥神学院的地下室，也不再采取股份合作的形式了，名字也许该改一改了。不过虽然一般人会感到这个名字很奇怪，很多知道书店历史的人，却难以想象给这个书店改一个名字，改名这件事也许会发生在比较遥远的将来吧。

采访结束后，我和杰夫·多伊奇闲聊，他提到家人里有可以阅读中文的。我说看名字他的太太应该是华裔。他说是的，但太太不懂中文，不过家里有懂中文的人。我答应本文在上海书展微信公众号发布后，会把链接给他，让他和家人有机会读到中国读者所了解的合作书店。▨

对基辛格说"不"

——特立独行的左岸书店

◎ 文 / 张洪凌

扫码即可阅读

位于圣路易斯中西区的左岸书店

1999 年的某天，美国圣路易斯的左岸书店的店主克里斯·克莱迪恩斯特女士接到一个陌生电话，对方声称自己是基辛格新书的公关宣传员，希望能在左岸书店为基辛格举办一次新书发布会。面对这样一个任何一家书店都梦寐以求的机会，克里斯却礼貌地拒绝了，理由是她认为基辛格是参与发动越战的责任者。第二天，左岸书店对基辛格说"不"的新闻就上了许多报纸的头条。

　　这不是左岸书店第一次鲜明地表示自己藐视权威、无视主流的政治立场。1998 年，在不确定伊朗政府是否真的会取消对萨尔曼·拉什迪的追杀令的情况下，左岸书店就迫不及待地请他做了读书分享会。左岸书店也从未像那些大连锁书店一样，将拉什迪的《撒旦诗篇》下架。但当"哈利·波特"的作者 J.K. 罗琳被指发表歧视跨性别者的言论时，左岸书店却宣布将不再出售罗琳创作的任何小说。同样，2020 年，尼娜·卡明斯出版新书《美国污垢》，书中对墨西哥人的刻板描写和有关非法移民的不实信息也促使左岸书店取消了作者与读者的见面会。

　　美国的独立书店大都有鲜明的藏书、经营特色和"以社会使命为导向"的历史传统，左岸书店更是如此。这家继承了巴黎左岸左倾传统的独立书店成立于 1969 年，由一群反对越战、支持民权运动的华盛顿大学的研究生用 500 美元和一堆捐赠的二手书创建。创始人之一的拉里·科甘当年就因在反战示威游行中扔爆竹而入狱，虽然他很快因关押被认定为违宪而出狱，他的名字却上了市警察局的黑名单。

早期的左岸书店位于华盛顿大学附近的街区，创始人的初衷是创建一家可以买到各种文学书的纯文学书店。克里斯曾回忆道，书店的创始人之一就对她母亲表示很看好莱昂纳德·科恩的诗歌，当时这位后来被誉为"摇滚乐界拜伦"的加拿大诗人刚获得总督奖，这是加拿大文学界的最高荣誉。很快，左岸书店便成为中西部为数不多的一家出售左倾书籍的书店，涉及女权、民权和另类文化。它也是当时圣路易斯唯一一家可以买到滚石杂志的书店。有一段时间，书店把《毛主席语录》的英译本摆在结账柜台上出售。

1974年，21岁的克里斯从华盛顿大学英文系毕业，成为左岸书店的第一位正式店员。不久，书店的集体合作经营方式因内部不和而无以为继，书店本身也遇到财务危机和来自附近其他两家书店的竞争。克里斯和另外两名店员接了濒临倒闭的左岸书店。靠着几颗充满理想主义的年轻的心和1.3万美元的读者捐款与银行贷款，左岸书店从华盛顿大学附近的德尔玛街迁移到了现在的中西区。事实证明，搬迁是非常明智的举动。中西区位于圣路易斯的心脏地带，它不但有丰富的历史和不同族裔的居民，还有形形色色的游客。不过，哪怕是在这么一个绝佳的地理位置，哪怕左岸书店渐渐成为中西区一道不可替代的风景线，它在几十年的岁月里仍然是起起伏伏、危机不断。但无论面对的是20世纪90年代连锁书店的打压，还是新世纪初亚马逊网购的崛起，左岸书店都依靠一批忠实的读者的捐款渡过难关。他们自称"左岸书店文学之友"，每年定期向书店捐款。2022年圣路易斯遭遇

左岸书店店主克里斯·克莱迪恩斯特女士

百年一见的暴雨，左岸书店的地下室进水，很多图书被毁，又是这批读者的捐款帮助书店弥补损失。

作为华盛顿大学英文创意写作班的学生，我对左岸书店和中西区都不陌生。读书期间，我和同学们常去那一带参加诗人、小说家的阅读朗诵活动，活动大多数在左岸书店举办，有时候也在现在已经关闭的达夫餐厅，那里曾经是圣路易斯的文学杂志《斯堤克斯河》每月星期一定期举办文学朗读会的场所。2007年，我和杰森·索摩合作翻译的王小波的中篇小说集在美出版时，我们也在左岸书店举办了签书讨论会。左岸书店每年主办300多个读书分享会和其他文学活动，邀请的作者既有像托妮·莫里森这样的名人，也有本地出身的普通作者。6月16日是纪念乔伊斯巨著《尤利西斯》诞生的布鲁姆日，每年的这个日子，圣路易斯的文学怪咖们会在左岸书店聚集，参加昼夜不停的《尤利西斯》接力朗读会。不过，我真正开始熟悉中西区和左岸书店的时间是2019年。那年暑假，我和先生回湖北做学术调研，在我们离家的几个月时间里，位于圣路易斯的家因水管破裂而毁坏。在等待房屋整修的大半年的时间里，我们凑巧租到了位于中西区威斯敏

田纳西·威廉斯故居——三楼居左的公寓

斯特街的田纳西·威廉斯故居，我们就住在田纳西童年时代住过的那套公寓。

这是一条布满欧式建筑的百年老街，步行到左岸书店只要五六分钟的时间。除了普利策奖获得者、剧作家田纳西·威廉斯，这条街上还住过两位名人：现代派诗人鼻祖 T.S. 艾略特和摇滚乐先驱查克·贝里。如果你有兴致多走几条街，还可以拜访女权文学先驱凯特·肖邦的故居和"垮掉的一代"文学运动的发起人之一威廉·巴勒斯的故居。中西区还住过一位中国文坛熟知但却被美国文坛遗忘的女作家项美丽，她是 20 世纪 30 年代《纽约客》驻上海的记者，也曾是唯美派诗人和出版家邵洵美的情人，一生写过 54 本书。

反叛与创新，是中西区出身的文学艺术先驱们的共同特征，也是滋养左岸书店的肥沃精神土壤。书店所在的十字路口就是圣路易斯的作家角，分别摆放着田纳西·威廉斯、T.S. 艾略特、凯特·肖邦和威廉·巴勒斯的半身铜像。竖立在左岸门口的是巴勒斯的半身铜像，铜像的面部，黑色的口罩戴在眼睛而不是嘴上，不知是无意还是有意为之，总之透出一股浓浓的反文化和特立独行的气息。

书店所在的大楼是一栋建于 1905 年的三角形建筑，由我喜爱的四种颜色组成：大楼是砖红色的，门面是黄绿色的，招牌则用黑白两色字体写成。楼层不高，店内的空间不大，但里面的落地玻璃窗、挑高天花板和朝天大吊灯却营造出一种宽敞温馨的氛围，让读者乐于在里面徜徉浏览，忘记时间、忘记纷扰的现实。

威廉·巴勒斯的半身铜像

左岸书店的大厅

书店的地下室是出售旧书和举办小型艺术展览的地方，一排排木质书架将逼仄的空间巧妙分割，营造出一种迂回曲折的氛围，隐秘而幽静，不时给人惊喜，也避免了读者面面相觑的尴尬。

　　与宜人的空间设计相比，左岸书店的图书摆放选择和安排更具深度和特色，反映了店员深厚的阅读背景。和美国大多数独立书店一样，这里的很多店员都是作家和艺术家，有的出过书，有的当选过圣路易斯的桂冠诗人。有时候，一位读者走进左岸，询问一本"有着紫色封面的书"，句子还没说完，店员就会飞奔到一排书架，抽出那本紫色封面的书。读者询问一本一位希腊作者的书，店员会纠正说："不对，那家伙是意大利人。"更奇妙的是一位记忆力惊人的店员，他可以准确地说出某一特定引语所在的页数。这些博览群书的怪才在这里工作自然不是为了钱，尽管书店只要有额外收入，克里斯就会和大家平分。

　　书店的橱窗一般都围绕一个主题精心选择相关图书。进门后右手边是新到小说的书架，左手边是读书俱乐部正在阅读的图书。除了书店自己的 8 个定期读书俱乐部以外，还有很多临时和私人的读书俱乐部。正对门展示的书应该是环境与气候变化类图书，然后是新到的非虚构类图书。再往前走就是分门别类的各类图书，当然严肃文学和非虚构类图书占的比例最大，不过也有科幻、神秘、浪漫、悬疑和恐怖等虚构类书籍。因为安排得当，严肃读物与消遣读物的并列一点也不违和，可见品位决定一切。店员推荐的图书遍布全店，一般都放有一个写着推荐理由的小牌子。下面这本书写的是圣路易斯种族暴力的历史，书名叫《美国

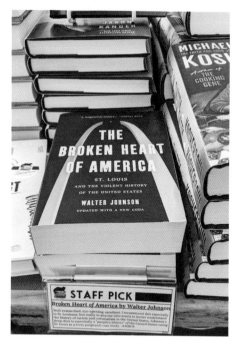

《美国的破碎心脏》

的破碎心脏》。中西部被认为是美国的心脏，而圣路易斯又是中西部的心脏，所以圣路易斯又有"美国心脏的心脏"之称。该书是 2021 年美国国家书评人协会奖的入围作品，也是一直位居左岸书店销售榜首的畅销书。店员写的推荐语很到位，说作者对圣路易斯进行了个案研究，用这个具有美国特色的河畔城市说明了种族资本主义的残酷。

左岸书店的图书品种丰富，同时书店非常注意针对时事和本地人的口味选书。我非常喜欢位于书店中心位置的本地书架，上面摆放的都是关于圣路易斯或者由圣路易斯作者写的图书，我的三位老师的书都在这里陈列过。我的梦想是把阿卡迪亚出版社出版的《美国形象》里的圣路易斯系列搜集齐全，但我发现那几乎是不可能的事，因为这套书起码有五六百本，每本都价格不菲。

左岸书店还专门开辟了一个童书空间，其由我们学生时代常常光顾的咖啡馆改造而成。童书空间特别青睐以女孩和少数族裔为主人公的图书。从 2009 年开始和本地公立学校合作，定期向贫困儿童捐赠图书。2014 年与弗格森小学合作创立天使树阅读项目，向全校师生和图书馆定期赠送图书。2022 年年初，针对美国公立学校愈演愈烈的禁书事件，左岸书店基金会设立"识字与正义"项目，在不到一个月的时间内募到 1 万美元的捐款，免费将下架的争议书籍《最蓝的眼睛》和漫画书《鼠族》赠送给需要的学校和个人。

左岸书店在美国的独立书店排名虽然常常名列前茅，但它远没有店里的一只黑色小猫知名。这只猫叫史派克，以美国知名黑人导演史派克·李命名。史派克是一只流浪猫，在书店附近的一个垃圾箱旁被店员发现并收留。后来他便把自己当成了书店的真正主人，经常在店门口招呼读者，在店里最忙的时候呼呼大睡，对自己的儿童粉丝团不屑一顾；出席严肃的作家分享会并在无聊的时候毫不犹豫地打断滔滔不绝的作家。他最喜欢的三本书（最喜欢蹲在上面）是《不合作的坏脾气小猫》《如何跟你的小猫讨论枪支安全》和西尔维娅·普拉斯的自传体小说《钟形罩》。2012年，史派克当选为全美书店的年度之猫；2017 年，他的照片被

看店的史派克

收入圣路易斯宠物指南，成为圣路易斯 4 只超级有名的看店宠物之一。

遗憾的是，2019 年 12 月 21 日史派克患癌症去世，没等到他最喜欢的圣诞节。第二天，潮水般的同情和哀悼涌入书店，忙得不可开交的店员们只能一边流泪一边工作。史派克不是书店的第一只猫，在他前面书店收留过另外两只流浪猫，在他之后又有一只名叫奥尔良的新猫住进左岸书店。奥尔良很害羞，我去了好几次也没有见到他的真颜。不过，他有自己的社交媒体账号，时常发一些自己的照片和书店的信息。

2019 年，为了庆祝左岸书店 50 岁生日，中西区的马勒舞厅举办了盛大的店庆活动。经历了半个世纪的风风雨雨，左岸书店不仅没有倒闭，还守住了自己为少数派发声、为沉默的大多数代言的初心。当克里斯和其合伙人在 1977 年买下这家书店的时候，他们想让左岸书店成为中西部的一小方自由思想的圣地。半个世纪过去了，他们还在朝这个目标努力。▨

莎士比亚书店印象

◎ 文 / 苗润斐

扫码即可阅读

莎士比亚书店上西
区门店内景

纽约的连锁书店莎士比亚书店（Shakespeare & Co.）以英国著名作家莎士比亚命名，是一家坐落于曼哈顿的连锁书店。它虽与著名的巴黎莎士比亚书店（Shakespeare & Company）同名，但两家店其实没有任何关系。书店成立于1983年，其位于曼哈顿上东区的首家门店距今已经有将近40年的历史。2015年，书店被On Demand Books的联合创始人兼首席执行官Dane Neller和一群投资者收购，并从此开启了创建莎士比亚连锁书店的步伐。2018年10月费城开设了第一家分店，2018年11月，位于纽约曼哈顿上西区的第二家分店开业，这也是莎士比亚书店在中断20年后重返上西区。在新冠肺炎疫情暴发前，公司制定了雄心勃勃的扩张计划，并积极筹措资金。他们计划在2020年再开3到4家店，地址主要选在纽约核心区，以及费城。但是疫情的暴发无疑影响了书店的扩张速度。

莎士比亚书店上东区门店位于纽约公立大学之一的纽约市立大学亨特学院附近，因此上东区门店也成为了该校的教科书供应商。在书店的官网可以找到专为纽约市立大学亨特学院所创建的板块，其学生和教职员工都可以在书店官网上购买或者租赁教科书。书店往往会在新学期开始前统计教授们所选中的书目，在开学季准时进货，以供学生选购。由于美国的大学教科书价格往往昂贵，书店也提供了收购二手教科书的服务。卖家可以通过当面现金交易或者邮寄的方式将自己闲置的教科书出售，这对于经济拮据的大学生来说是非常不错的选择。值得一提的是，在美国，这种书店和大学之间的合作很常见。除了纽约市立大学亨特学院

上西区的莎士比亚书店

和莎士比亚书店，位于上西区的哥伦比亚大学也有其固定合作的书店，其运营模式和莎士比亚书店非常相似。

让我们把目光转回文章的主角：莎士比亚书店。笔者本次造访的是其位于上西区的门店。书店的进门处是书店经营的咖啡馆和一片供顾客休息的阅读区域。周末的下午，不少人会带着自己的电脑来这里办公和自习，店内环境不算喧闹，确实是一个可以静下心来工作学习的场所。咖啡馆菜单分基础饮品菜单和季节菜单，笔者到访时正值深秋，咖啡馆应景地推出了苹果黄油风味的

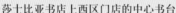

莎士比亚书店上西区门店的中心书台

拿铁。

　　跨上两步台阶就来到了书店的主要区域，中间有一个圆形的书台，当季店员推荐的图书围成一个圈以供展示。每年 10 月底，书店推荐的图书都和即将到来的万圣节相关，有包含惊悚元素的诗集、恐怖小说，以及与令人害怕的食物相关的图书。

　　想要更详细阅读推荐的读者可以登录书店官网，上面有员工推荐板块，推荐书目中的每一本书都附有店员精简的推荐理

店员推荐书架 店员推荐书架上的每本书都附有
注明推荐人和推荐原因的小纸条

由，读者可以直接从其网站下单，通过邮购或是现场提货的方式
购买。

除了常规陈列的书籍，莎士比亚书店还设有一个"图书盲
盒"（Blind Date with a Book）的区域。其中销售的每本书都
用不透明的纸包装起来，使读者无从了解书名和相关信息，可供
挑选的依据只有包装纸的不同花色，至于选中的具体是什么书全
看手气，购买体验和开盲盒非常类似。这一颇具趣味性的设置

图书盲盒

为常规的逛书店体验更增添了戏剧效果，顾客或许能在不经意间邂逅"真爱"。莎士比亚书店的另一大特色是 Espresso Book Machine，有人翻译为"咖啡印书机"，也有人翻译为"浓缩咖啡图书机"，这台机器可以根据顾客的需要在几分钟内印刷出一本 PDF 格式的图书，即便已无库存，书店也可以通过这台机器给读者在现场印刷想要的书籍。因为该机器具有即时、便捷的特点，能在制作一杯意大利浓缩咖啡（Espresso）的时间内印刷并装订一本平装书，故起名"Espresso Book Machine"。

Espresso Book Machine

Espresso Book Machine 技术理念的首倡者是美国出版业的一位传奇人物——贾森·爱泼斯坦（Jason Epstein）先生，他早在 1999 年就提出，在尊重作者和出版商版权的前提下，将会有一种机器出现，它能做到使需要共享数字化内容的读者无论是在家中，还是在世界的任何角落，都可以将这些需要的内容按需打印，这种机器可以被放置在书店、图书馆、报刊亭、咖啡馆、旅馆中，甚至可以出现在游轮上和机场里。当时一位名叫杰夫·马什（Jeff Marsh）的工程师和发明家，已经研制出了自动印书机的雏形。爱泼斯坦得知后，就和他的邻居及商业合伙人、后来领衔收购莎士比亚书店的戴恩·内勒一起购买了马什的发明

专利权，于 2003 年成立了 On Demand Books 公司，生产推广
Espresso Book Machine。

戴恩·内勒在每家莎士比亚书店都放置 Espresso Book
Machine，替读者按需印刷图书。他认为 Espresso Book
Machine 对书店的成功至关重要，"Espresso Book Machine 提
供了一个更高效的供应链，书店永远不会缺货"。▓

巴黎拉丁区及其周边的书店

◎ 文 / 朱 瑾

扫码即可阅读

圣米歇尔大街 26 号上的吉贝尔约瑟夫书店

巴黎，这座让人怦然心动的大都市，不仅是游客和购物者的天堂，而且还是读书人的乐园，那里的书店可谓千姿百态。无论在大街还是小巷，爱阅读的人总能找到一方修身养性、慰藉心灵之地。如果您喜欢去开阔的香榭丽舍大街，时尚气派的法雅客（Fnac）连锁书店就醒目地矗立在那里；如果您想找怀旧元素，那就去网红打卡地——巴黎圣母院附近的莎士比亚书店（Shakespeare and Company），对照伍迪·艾伦的电影《午夜巴黎》中的镜头，在半梦半醒间去一探究竟。今天，我要带读者去的地方是巴黎的拉丁区，它覆盖了巴黎20个行政区中的第五区和第六区，云集了许多大学，其中著名的索邦大学为核心。在17世纪，法国大学用拉丁语授课，所以这个大学区就被作家们写作拉丁区，这个命名被延用至今，拉丁区是巴黎最有名的街区之一，自然也是剧院、图书馆和书店成堆的地方。更何况，在巴黎，比起地铁车厢里常年前胸贴后背的拥挤和公共汽车内不时的塞得满满当当，步行是一种名副其实的享受。

法国最大的独立书店

　　多次被专业机构评为法国最大的独立书店的吉贝尔约瑟夫书店（Librairie Gibert Joseph），前身为吉贝尔书店（Librairie Gibert），创立于1886年。彼时在中学教授经典文学的约瑟夫·吉贝尔先生首先在塞纳河畔摆了一个书摊，专卖供学生使用的参考书。两年后他在圣米歇尔码头成立了一家独立书店。之后受益于法国全民普及教育政策的推行，书店逐渐发展壮大。

1915 年创始人去世，1929 年存在了四十多年的书店被一分为二，长子在圣米歇尔大街（Rue Saint Michel）30 号建立了以他和父亲相同的名字命名的吉贝尔约瑟夫书店，次子在书店原址继续开拓，并将店名改为小吉贝尔书店（Gibert Jeune）。两个书店的招牌很有特色，吉贝尔约瑟夫书店在姓"Gibert"与名"Joseph"之间加入了一个法国地图的轮廓，而小吉贝尔书店，则在"Gibert"与"Joseph"间夹了一个年轻人的头像。现在，圣米歇尔大街上气派的 26、30 和 34 号三幢大楼里，都有吉贝尔约瑟夫书店的一席之地，其中位于 26 号的传统书店独占整幢楼的六个楼面，30 号是典型的文具店，34 号出售 CD、DVD 和漫画。此外，两家书店在法国其他省份也建立了许多分店。可谓遍地开花。

这里仅向大家介绍位于米歇尔大街 26 号的传统书店的概况。从照片就可以看出，书店共计六层（不含地下一层），外形堪称宏伟壮观，里面的存书多达 50 万本。

宽敞的店内布局分明，地下一层是儿童的天堂，琳琅满目的图书和玩具，会让成年人萌生回到童年的念头。

进入底楼（英法所说的底楼，也即我们通常的一楼），大都市和首都的气氛立即浓烈了起来：有关政治人物的书扑面而来，比如巴黎女市长安妮·伊达尔戈、20 世纪 70 年代的总统瓦莱里·吉斯卡尔·德斯坦的传记等，还有一堆描述在巴黎留下足迹的名流对巴黎的感受的书。底楼还出售旅游类图书，中国地图乃至上海地图都可以轻而易举地找到。

吉贝尔约瑟夫书店一楼的文艺书籍

走上一级级墙边上贴着各种年代广告和知名品牌商标的楼梯，就到了一楼，这里出售纯文学和艺术类图书，世界各国的小说分门别类地摆满了楼面，法国文豪的作品自不必说了，应有尽有；中国知名作家的小说也不少，比如莫言、刘震云的作品，也有一些女性作家如欣然等的作品。总之，用目不暇接来形容，一点也不为过。

二楼是文艺类加侦探类等袖珍读物的聚集地，封面或书脊贴上黄色标签的就是打折的旧书，这里的书新旧混合，这也是书店的经营特色和成功之处。

三楼专售历史、哲学和宗教类图书，其中的历史类图书，按年代分类，十分详细。

四楼主打语言、字典、法律类图书。自动扶梯出口处的粉色横幅，温馨地标注出所在的楼层，让读者不致迷失在该大型书店内。

五楼是医药类、信息学类和其他科学类图书的天地，其中很多有关全科医生的专业图书，吸引了不少周边医学院校的年轻医学生。

在付费处，有许多手捧数十本书的读者，这也是在巴黎才能见到的盛况。也许是为暑期长假消闲之用，也许正值打折季节，总之，巴黎人买书的热情和炎炎夏日的气温一样高涨。在一个不起眼的角落里，在"生日快乐"的横幅下，温馨地摆放着和不同出生年份有关的图书，其记载了那一年法国及世界发生的重大事件。这类图书作为生日礼物，颇受欢迎。

吉贝尔约瑟夫书店四楼入口处

从吉贝尔约瑟夫书店出来，往东走不到五分钟，就能在王子街（rue Monsieur de prince）45 号看到一家名为友丰的中文书店。店内唯一一间直筒间内，塞满了各种类型的中文书，其中的"医药卫生"专柜里，中医、中药和针灸学类图书及人体经络分布图，占据醒目的位置。我问店家为何卖这么专业的图书，回答是在法国有这方面的需求，有些患者想尝试不同的治疗方法，尤其是针灸。在寸土寸金的拉丁区，在不少实体书店纷纷倒闭关门的网购时代，能坚持经营四十多年，实属不易，而且店主又在十三区开设了一家面积更大的分店。很多学中文的法国人，他们第一本带拼音的汉法字典就是在这家中文书店里购买的。鉴于店

王子街上的友丰书店

主潘立辉先生为传播中国文化所作的贡献，法国政府授予了他"文化与艺术骑士勋章"。

回到圣米歇尔大街，往塞纳河方向步行约一两分钟内就可以看到位于16号和18号的这个带红蓬的布利尼埃书店（Boulinier），这是一家常年打折的书店，主要出售旧书、漫画和影碟，书店的历史和吉贝尔约瑟夫书店一样悠久，在巴黎有五六家分店。虽然这家店内四面墙上镶满了镜子，很有特色，但我更偏爱另一处的分店，所以到下个街口再作详细介绍。

继续沿着圣米歇尔大街走上一会，在不远处的圣米歇尔广场来个右转弯，就到了小吉贝尔书店。店里出售很多英文图书，让人眼前一亮。听雇员说，吉贝尔兄弟的两家书店近年来又合并起

圣米歇尔大街上的布利尼埃书店

占据两个大门面的小吉贝尔书店

来经营了。

　　继续回到圣米歇尔大街，穿过圣米歇尔桥，来到司法宫路（rue de Palais de Justice），不远处就是巴黎司法宫，金碧辉煌的大门自带威严。继续前行，沿途可以眺望一下历史悠久的巴黎古监狱，想象一下它曾经的肃穆与神秘。欣赏着一路的风景，不知不觉就到了巴黎的中心地段夏特雷（Châtelet），不远处就是美食城（les Halles），在其对面的中心广场上又可以见到布利尼埃书店的红蓬了。我更喜欢这家闹中取静的分店，店内的书种类繁多却分类有序，因为客流相对稀少，所以是安静选书的理想之地。虽然门面不及圣米歇尔路上的宽大和气派，但确别有一番风味。在这里，托尔斯泰的《战争与和平》这样的大部头，只卖5欧元。店员告诉我，书店的经营方式是典型的薄利多销，接受所

夏特雷的美食城对面的布利尼埃书店

有的旧书，低价大量买入，然后再适当加少量价格销售。虽然也有精装的古籍，但是有市场的主要还是廉价书。

涅槃重生的凤凰书店

走出二手书店，沿着商铺林立、弥漫着人间烟火气的圣德尼步行街（Rue Saint Denis）一直走，大约十分钟左右，在路口右拐就可以看到塞瓦斯托波尔大道（Boulevard de Sébastopol），这个时候，只需过了红绿灯，位于72号的专营中国和亚洲图书的凤凰书店（Librairie de Phénix）就出现在眼前。绛红色的两层楼，显得格外耀眼，橱窗上的装饰画是几位大家的剪影，底楼的半边橱窗被张爱玲独占，一楼分别是鲁迅、巴金和老舍等中国文学大师的半身像，足够吸引眼球。和它的名字"凤

路口中间绛红色的凤凰书店

凰"一样，书店也经历过一场劫难。法国记者兼作家贝热隆先生于 1965 年创立这家书店，最初以介绍中国文化为主要目的，当时面积只有 50 平方米。1980 年，书店遭到极右翼分子的袭击，引发了火灾，在店里工作的负责人也受伤住院，书店被迫停业一年。如今，涅槃重生的书店不仅将面积扩大到了 200 平方米，而且经营范围也逐步扩展，涉及东亚和东南亚，包括韩国、越南、日本等国的文化。

刚进门，就遇到一对正在挑选教科书的中国母女，给我平添了一份宾至如归的亲切感。底楼主要售卖介绍中国文化的图书，包罗万象，清一色法语版本；地下室陈列的是汉语教材和中文图书，包括汉语语法书、汉语水平考试丛书、各种汉语字典，还有当代热门作家的小说，如余华的《许三观卖血记》等。我无意

凤凰书店地下一层的汉语教材和中文书

凤凰书店一楼

间发现了萧红的《呼兰河传》，第一次在法国见到它，如获至宝。还有大量的法国小说的中文译本，包括普鲁斯特的《追忆似水年华》、大仲马的《基督山伯爵》、巴尔扎克的《欧也妮·葛朗台》等等。

凤凰书店每周组织一次书友会，请本地作家介绍新书或推广亚洲文化，有时书店会请来书法高手，就在书店的一楼挥毫泼墨。

听说下周会有一大批中文书海运过来，愿这只穿梭在中法文化间的凤凰，其羽更丰、其音更清、其神更髓…… ▨

塞纳河畔的旧书摊

◎ 文 / 朱　瑾

扫码即可阅读

营业前的旧书摊

任何人与巴黎都会一再重逢——重逢在读过的小说中，重逢在看过的电影里，重逢在昔日的照片中，重逢在曾经的记忆里，抑或，重逢在昨日的梦境中。世界上没有哪一座城市，能够像巴黎那样，在经历了一次次政权更替的动荡、一场场战争的蹂躏之后，还能安然无恙，它向世人完美诠释了什么是真正的岁月留痕，留住的是悠久的历史、古老的建筑、璀璨的文化和与生俱来的时尚。更何况，它还是一座高速发展、与时俱进的企业之都、时装之都，因此，作为法国的政治、金融和文化中心，巴黎也总能留住各个年代路过者匆匆的脚步，让他们情不自禁地在耳熟能详的各大名胜前驻足观望、欣赏和陶醉，乃至流连忘返。今天，我们就放慢脚步，一起去塞纳河畔的旧书摊走走，体会一把巴黎的古老与现代，感受一回法国文化的沉淀与创新，也让时光倒流，想象一下"迷惘的一代"的代表人物海明威等名家大咖们在 20 世纪 20 年代去那里阅读的场景。

有关旧书摊的历史，读者可能并不陌生。这不奇怪，因为固定在塞纳河岸石栏上的这些"绿色车厢"，早已成了巴黎的一个象征。旧书摊起源于 16 世纪末的流动书贩和摆书摊者，得益于 18 世纪末法国城市建设的发展。一座座用混凝土制造、拔地而起的码头，让书贩们可以把书从地上转到石栏上。而他们也在 19 世纪末被官方正式认可为旧书商。虽然曾差点被赶出塞纳河岸，但是最后还是幸运地被留存了下来，至今已有 400 多年的历史。2019 年 2 月塞纳河畔的旧书摊被列入法国非物质文化遗产目录中，之后更是向着被列入"联合国教科文组织世界文化遗产"的目标进军。如今，约240个旧书商的近千只墨绿色的铁皮书箱（每个书商一般拥有4只铁皮书箱，每只的长度一般为2米，总长度不能超过8米），在塞纳河左右两岸近3公里长的河畔上一字排开。左岸从图尔内尔桥开始，一直到塞纳河的伏尔泰码头；右岸从玛丽桥开始，延伸至卢浮宫码头。从下图中就可以直观地看出，塞纳河左岸分布的书摊更多，而"左岸"早已成了文化和艺术的代名词。

虽然网上说旧书摊的开业时间是每天早上9点，但实际上，大多数书商都从中午起才营业，连续工作到傍晚7点左右才收

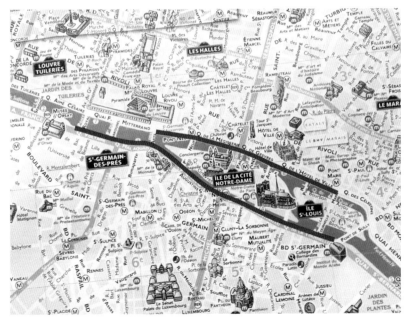

塞纳河左岸和右岸

摊。除非遭遇恶劣天气，巴黎市政府规定摊主每周至少必须工作三天。

当正午的阳光照在塞纳河上的时候，就是另外一番风景了。我从卢浮宫码头开始，沿着右岸边走边看，只见书商纷纷打开了铁皮箱，各类古籍和旧书、版画和复制品、过期的报刊和海报、五颜六色的徽章、设计精美的明信片及邮票等藏品被个性化地摆放出来。

看到这些旧杂志、唱片、海报和漫画，包括英国女王年轻时和丈夫的合影，法国著名抒情歌手艾迪特·皮雅芙的唱片和DVD，承载着几代人的记忆的漫画，曾经的那些人、那些事、

塞纳河右岸书摊上艺术气息浓郁的绘画

旧书摊展示的古币和邮票

家喻户晓的"丁丁历险记"系列漫画

足球、环法自行车赛的画报

那些流金岁月，仿佛历历在目，情不自禁地联想起伴随我童年的"小人书"，怀旧的情感油然而生。以后我再也不要"断舍离"了，因为断掉的都是一去不复返的美好回忆，舍弃的全是可以变现的旧物，离开的是一段弥足珍贵的历史。

继续前行，还看见有专门收集体育画报的书摊，涉及足球和环法自行车赛等，其中姆巴佩的这个表情捕捉得那叫一个绝，他的粉丝又怎肯错过？

只要你有心，准能在林林总总中找到有关中国文化的一些图书和画报。这不，我就发现了一张老电影《子夜》的海报和一本巴金先生的小说《家》的法文版书。

左图：电影《子夜》的海报；右图：巴金先生的小说《家》的法文版

其实，每个书商出售的东西都是精挑细选、各有特色，有的以历史类、旅游类或纯文艺类图书为主，有的出售体育类海报，有的属于综合类，等等。有些摊主特别喜欢亚洲文化，所以就主打"exotique"（异国情调）牌，将中、韩、日等国的小说，无论古代还是现代，原版还是译文，都"一网打尽"，有的书摊上，能找到林语堂先生的《武则天》，有的书摊就某一主题的藏书之丰富，胜过传统的书店。这种多样化和个性化也是旧书摊的魅力之一。

每个书商的摊位上都有他们的编号，且摊位之间有一至两米左右的间隔，辨认起来很方便。一些书商会利用这片宝贵的空间，见缝插针地摆出各种老照片或旅游纪念品来出售。为了在电子商务的年代维持生计，不少书商都卖起了埃菲尔铁塔模型、钥匙圈等纪念品，巴黎市政府为此规定，4个铁皮箱中至少有3个必须用于出售旧书刊，只有剩下的一个才能被用来销售纪念品。

今天的许多书商都有着不同的背景，有兼职和全职的，有家族传承的（父母中有人曾经是旧书商），大多数书商是中老年人，也有年轻人。他们有一个共同点，就是崇尚自由和热爱书籍。很多人都已经在此经营了十年、二十年。这里的图书以法文书为主，以至于有位美国女孩请我为她翻译，想找一本英文版的介绍法国红酒的书都没能如愿以偿。我忍不住问起书商有关书的来源，归纳起来书的来源主要有三大部分：一部分是有些市民继承了祖辈们的老旧书后或卖或送给书商，目的是让它们获得第二次生命；另一部分是书店里的库存；当然还有书商家中的藏书和向特殊供货商购买的图书等。

这个大型的户外售书集市与沿途中的卢浮宫、巴黎圣母院、巴黎古监狱等重量级景观出现在一起时，不仅没有给人以违和感，而且还为流淌的塞纳河平添了一份书卷气和斑斓的色彩，是名副

与美景融合在一起的旧书摊

其实的视觉盛宴。所以，逛旧书摊也成了不少巴黎市民日常生活的一部分。不过，受新冠肺炎疫情的冲击，虽然处于作为旅游旺季的盛夏，世界各地来巴黎的游客人数还没有恢复到疫情前的水平，所以，开箱营业的书商也只达到了正常时的 50%—60%。

　　不知不觉中，已经来到了玛丽桥，走过去就是著名的圣路易岛，再跨过图尔内尔桥，左岸的图尔内尔码头边敞开的书箱已经在等候我的光临了。

　　左岸的许多书摊，文化气息显得更加浓厚，书商的 4 个摊位全部摆满了散发着古典韵味的旧书和成套的古籍。又是一场和法国文学大师们的邂逅，没有找不到的名著，只有我不曾阅读过的作品。其间，偶遇了一位打扮精致、佩戴胸章的女士，她在退休前经营传统的书店近四十年，退休后在塞纳河边摆起了书摊。对售出的每一本书，她都了如指掌。因为地处大学区，所以她的旧书吸引了许多年轻的大学生，也有人从外省来专门去她的摊位前淘宝。在我选书的时候，就看见好几位下班后过来看书和买书的法国人。看来，本地人是这些书商的主要客户。疫情肆虐期间，虽然她因禁足两个月无法经营，解封后到她那里买书的人反而更多。由于害怕再次禁足，所以大家提前做准备，以防无聊。这是实实在在的"报复性"消费。而那些主要依靠出售旅游纪念品的商家受疫情的影响就比较大了，因为没有了外国游客，即便摊位本来就无需缴纳租金，即便政府有补贴（时间和金额不固定），这些商家还是必须熬过生计艰难的两年。

疫情前的 2019 年 4 月 15 日巴黎圣母院发生火灾，灾后第三天，开业的摊主们吃惊地发现世界各地的人都涌向旧书摊购买巴黎圣母院的明信片，使其销量第一次超过了历年来排名第一的埃菲尔铁塔明信片，这是典型的怀旧情愫作祟的结果。

"您需要什么书？"戴着遮阳帽的书商老太太问我。"西蒙·德·波伏娃的作品，您有吗？"我问她。"有！"她边说边熟练地取出了七八本来。我选出了两本，一本是作者在法国获奖的作品《名士风流》，一

本是大名鼎鼎的《第二性》，后者读起来挺费劲，45 欧元的价格也不菲。至于书商推荐给我的第三本著作，是作者的封笔之作，是一本随笔集，我想找个拒绝的理由，就随口说道："一般来说，大多数作家的最后一部作品都不怎么样啊。""噢，您错了，她的这些文章，短小精美，记录了不少她和萨特的讨论呢。"我没有被说服，还是偏爱《名士风流》。但是瞅了一眼书的厚度，立马感到了一路买买买之后行囊的沉重。正在犹豫中，老太太却以为我嫌价格过高，解释道："这是第一版，所以稍微贵一点，标价20 欧元，我给您 15 欧元的价格，您看如何？"见她那么诚恳，我欣然接受了。我想，她肯定明白，初版是不可抗拒的诱惑。她一边给我找零钱，一边继续向我解释道："这本是初版，我家里还保存着一本呢。您别以为它厚就重，其实当时用于印刷的纸张

塞纳河左岸的旧书摊

很轻，不会重！"这样温馨又专业的服务，很难在传统书店里找到了，这就是旧书摊的另一个魅力吧。

离开书摊，已是日落时分，也到了他们收摊的时候。心里还有一些好奇和疑问：比如，那么一个简简单单的铁皮箱，虽说风吹不走、雨打不进，但是真的能很好地保护这些陈年旧书吗？产生这个疑问是因为我留意到有些摊主在收摊时，把塑料布和衣服盖在了书的最上面。没有关系，留下一点疑问，作为下次重游的理由。▨

去左岸！做一棵莎士比亚书店的风滚草

◎ 文 / 李璐

扫码即可阅读

莎士比亚书店

风滚草，是对在莎士比亚书店
驻留的人的称呼。

——莎士比亚书店官网

巴黎的一周行走，我和朋友选
择将莎士比亚书店作为行程的最后
一个目的地。

逛书店，一定不能太仓促，需
要留足时间。因为你不知道，哪个
瞬间哪本书，就会牵住你。

莎士比亚书店位于巴黎塞纳河
左岸，与正在修复中的巴黎圣母院

莎士比亚书店门口排队场景

隔岸相对。因为书店本身已经成为著名景点，所以越靠近书店，
街边的旅游小商品门铺便越发密集。

两年的新冠肺炎疫情让 2022 年七八月份的欧洲处在了报复
性休假旅游的状态中，加之最近侵袭欧洲的夏日热浪，书店门口
排起了晒着日光浴等候入场的队伍。

十分有意思的是，书店门口有一座古老的喷泉。读者在排队
时，就能看到书店的温馨提示："你知道吗？这个绿色喷泉里的
水可以饮用，且美味！"于是，好奇心作祟，大家纷纷拿出水杯
开始接水。我和一个小朋友没有水杯，就用手捧起来喝。喝完我
们相视一笑，我问他："好喝吗？"他摇摇头。

书店门口，有一个醒目且重要的提示："书店内部不可拍照"。

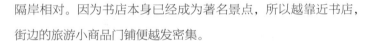

书店门口排队等候提示

书店门口的饮用水喷泉

书店门口场景

书店入口处

书店橱窗黑板

据过往读者说，莎士比亚书店以前是可以拍照的。作为一个老牌网红书店，这个新规定，无疑将一个与书店经营相关的问题种在了我的心里：拒绝拍照打卡的地标书店，究竟想怎样？

我创建这家书店就像一个人写小说一样，把每个房间都建造成一个篇章，我喜欢人们像打开一本书一样打开每一扇门，通向他们想象中的魔法世界。

——乔治·惠特曼

书店里面，远不如书店外面喧嚣拥挤。似乎跨过一扇门，整个世界就安静了下来。游客，不再是游客。

一进门看见的是与巴黎有关的图书。第一眼看到的，就是《法国爱情诗》（French Love Poems）——一本淡蓝色的诗歌小册子。"法国爱情诗是给任何让你心动的人的完美、诱人的礼物。"这本书似乎成为莎士比亚书店销量仅次于帆布袋的纪念品，小巧

书店内部布置（图片来源：书店社交媒体官方账号）

《法国爱情诗》，一本淡蓝色的诗歌小册子

精美、价格适中。更重要的是，浪漫，也许这就是巴黎的味道。

　　书店有两层楼，一楼比较宽敞，有文学、诗歌、哲学、政治、社会学、经济学类书，还有一个单独的童书区域。如果说一楼是一个书店，那么二楼更像一个古老的书房，一个充满了故事的藏书阁，一个被书包围的爱书人的家。

　　古老的木楼梯旁的墙上贴满了已经成为莎士比亚书店传奇的

书店二楼名人照片墙

作家照片。"蓬荜生辉"完全可以用来形容此情此景，无论房子多么旧、木头多么老、墙上的油漆多么坑坑洼洼。

在书店，人类永远不会感到孤独。

——电影《街角的书店》

有随处可坐的摇椅、沙发、坐垫，有钢琴和散落的琴谱，有缝纫机，有阳台书桌，有未干的墨迹。可以想象，过去百年，乔伊斯、海明威、萧伯纳、伍尔夫、波伏娃，他们也许就这么坐着、躺着、站在这里，翻开书，拿起笔，和书店主人聊到天明。

突然间，一个羞涩的男生弹起了那台古老的钢琴，他的同伴笑着望着他。虽没有快门声，犹有琴声打破宁静，读者纷纷坐在了钢琴周围，一曲终了，掌声响起。

书店二楼的钢琴音乐角（图片来源：书店社交媒体官方账号）

读者留言墙

二楼还有一面贴满便签的读者留言墙，一位姑娘蜷缩在摇椅上认真地写着。她的容貌和穿着，宛如维米尔的画作中的那个戴珍珠耳环的少女。留言用的纸各式各样，有巴黎的地铁票、卢浮宫的门票、餐厅的结账收据，充满这座城市的生活气息。

游荡至出口，定位，发上一条到此一游的朋友圈。朋友圈收到的第一条评论是：

"为什么莎士比亚书店在巴黎？"

嗯！这真是一个好问题。为什么一家英文书书店会开在法国巴黎？为什么要用莎士比亚的名字？

1919 年，出生在美国巴尔的摩的西尔维亚·毕奇来到了巴黎，因为热爱文学，她创立了最初的莎士比亚书店。书店的地址距离现在的书店走路 15 分钟。那是当时伟大的外籍作家——乔伊斯、海明威、斯坦因、菲茨杰拉德、艾略特、庞德，以及法国著名作家的聚集地，更出版了传奇之作《尤利西斯》。这个书店在第二次世界大战中因受到纳粹的骚扰而关闭，毕奇女士也被抓进了集中营。

1951 年，另一位美国人乔治·惠特曼得到了毕奇女士的授权，在莎士比亚书店现址，创立了书店（Le Mistral）。1964 年

莎士比亚书店的老照片（图片来源：书店社交媒体官方账号）

4月，在威廉·莎士比亚诞辰四百周年之际，乔治·惠特曼将书店正式改名。从此，莎士比亚书店延续至今。莎士比亚书店官网上有这么一段话：在他的一生中，乔治·惠特曼以"风滚草"的身份周游世界，在陌生人的善意中，从一个地方吹到另一个地方。为了报答旅途中所遇到的慷慨，乔治创立的书店，向各类作家、艺术家和知识分子敞开了大门，成为他们的避难所。

不要对陌生人冷漠！

——乔治·惠特曼

"风滚草"在莎士比亚书店有着特殊的寓意，更是这家传奇书店的故事的重要组成部分。

从新书店开业的第一天起，作家、艺术家和知识分子就被邀请睡在书架和成堆的图书间，睡在白天兼作长凳的小床上。从那时起，估计有30000名年轻的作家和艺术家在书店驻留。现在，你依旧可以在官网提出这样的申请。

而这些人，被称为"风滚草"，因为他们"随着时代的风飘进飘出"。

作为交换，每一位"风滚草"都会被要求做三件事：每天读一本书，每天在书店帮忙几个小时，以及制作一页的自传。成千上万的自传已经被收集起来，现已形成一个令人印象深刻的档案。书店记录了一代又一代作家、旅行者和梦想家的足迹，留下了他们的故事片段。

乔治·惠特曼于 2011 年 12 月 14 日去世，如今，书店由乔治·惠特曼的女儿西尔维娅·惠特曼负责管理。她创办了文学节并发起巴黎文学奖，集合更多的力量，持续滋养和支持着更多的年轻作家。

写到这里，我深深感到，这是一家已经不需要再靠拍照来宣传的书店了。因为在漫长的积淀和坚持中，无数爱书之人建构的永恒景观，不是一张张照片能够定格的。

在《流动的盛宴》里，海明威如是写莎士比亚书店："那是

书店老照片（图片来源：书店社交媒体官方账号）

书店文学之夜活动
（图片来源：书店社交
媒体官方账号）

书店老照片（图片来
源：书店社交媒体官方
账号）

一个温暖而惬意的地方，冬天时生着大火炉，桌子、书架上摆满了书，橱窗里摆着新书，墙上挂着已经去世或仍然健在的名作家照片。"

也许换了地址，也许换了主人，时光流动，但莎士比亚书店，盛宴依旧。■

酒香不怕巷子深
——伏尔泰镇的中心书店

◎ 文 / 木 瓜

扫码即可阅读

小镇上的商业步行街

年初春寒料峭之际，恰好在日内瓦出差，顺便找了个周六去法瑞边境的法国小镇费尔耐-伏尔泰（Ferney-Voltaire）赶集。镇子原名费尔耐（Ferney），原来只是一个小村子，伏尔泰在此小村度过他生命的最后 19 年，即 1759 年到 1778 年，他的大部分著作都是在此期间完成的。据史载，1759 年，费尔耐村只有1200 人，伏尔泰后来一直在此置地，雇佃农挖池塘，把沼泽地改为农田，种地种树，修建教堂、小剧场、学校；若遇上荒年，伏尔泰便开仓解囊，助村民渡难关，等他离世之时，费尔耐人口增加，初现小镇雏形。1890 年村里为伏尔泰立铜像以示纪念，村名也加上他的名字，正式成为费尔耐-伏尔泰，作为他的故居的伏尔泰城堡后来被列入国家历史文化遗产。

如今的费尔耐-伏尔泰除伏尔泰城堡之外似乎乏善可陈，但因与日内瓦接壤的地理位置，可以从专设的出入口进入跨越法瑞两国的日内瓦机场，著名的欧洲核子研究中心（CERN）在 2 公里以外，加之与联合国各机构相邻，费尔耐-伏尔泰村变成了一个繁忙且国际化的边境小镇，文化活动频繁，伏尔泰城堡几年前也被大规模重新修缮，工程结束后重新对公众开放日，马克龙总统特地前来剪彩。每周六的集市更是吸引很多在瑞士居住的人跨境过来赶集，伏尔泰恐怕做梦都没有想到他当年居住的安静祥和的村庄在今天会成为一个如此热闹的有上万居民的国际化小镇！

记得小镇的商业步行街始于镇口的伏尔泰喷泉，从书店、面包店、中餐馆、银行、保险公司一路到镇中心的伏尔泰铜像。但是这次我却在街中心的地段，在一家银行隔壁看见了书店，心想，书店也许嫌几十米外的路口不够热闹，特地搬到街中心，可是书店旧址紧邻伏尔泰喷泉啊，伏尔泰著作等身，终其一生呼吁理性、启蒙、宽容、自由，而书则是他最好的传播思想的工具。我对伏尔泰家乡书店的搬迁有点意外且稍有几分遗憾。

习惯性进去溜一圈，看见店面和过去的一样小，最多七八十平方米，顾客在书架之间游走时得互相避让，但图书种类十分齐全，图书语种有所增加，还看见一位中国作家的书，不过从其姓名的拼音上看不出是谁，我听见一位女性店员用带着卷大舌的东欧口音的法语给一位读者介绍新小说，她末了又说，布尔迪厄（Bourdieu）在法兰西公学的讲课集出了，您有兴趣不？角落的书架上全是替读者订购的店里没有的书，竟然堆满了好几层，心里不由得涌上几分温暖：镇上仍然有那么多爱读书的人，伏尔泰也许可以放心了吧。

数月过去，已是盛夏。三伏酷暑期间，我又去伏尔泰镇赶了一趟集。自然又去书店逛了一圈，这回除带东欧口音的店员（也许是老板娘？）外，还有一位听人叫她玛丽亚的中年女性，她忙着指点一个看似实习生的年轻女孩如何布置橱窗。问候之后，我忍不住好奇，问："你们书店为何搬家？原来的位置多好啊，可以听见喷泉的声音，可以在门外石台上坐下。"不想玛丽亚说："哎哟，您是不知，过去那家书店 2016 年倒闭了，店铺被一家租房中介所租下，我们这家书店是另起炉灶的，您没注意两家名字也不一样了？过去那家是'Librairie Centrale'，我们现在叫'Librairie du Centre'。"我一听乐了，敢情在中文里不都

伏尔泰铜像

伏尔泰喷泉

商业步行街中心的书店

书店替读者订购的书

叫"中心书店"吗？估计是书店易主，需注册另一个名字，而她们又想保留原来的某些记忆，才有了这么个相似而又不同的店名吧，我没深究，只是提到过去那个位置有趣。玛丽亚说："我们也想搬回原址，正在努力呢。"我说："每次来都看见你们挺忙，读者络绎不绝，订购的书总是放满一架子，真是没想到，虽然在网络时代，镇里仍然读者众多，我已经多年不买纸质书了，一个 Kindle，手机平板同步，适合我不停流浪的生活方式。不过呢，每次看见书店还是喜欢进来，摸着封面，指尖从其上滑过，Kindle 无法提供这么奇妙的感觉。"玛丽亚无不感触："我理解电子书的方便，但很多人和我一样更喜欢纸质书，而且通过它可以和人直接交流。"

我见一个专柜有店员推荐图书，每本书都有各自的评语，问她们是否每本都读过。她们说，读不过来，有的是她俩推荐的，有的是读书俱乐部其他成员推荐的。看上去大部分是小说，更多是名不见经传的新锐作家的作品。一转身，发现很多童书，适逢暑假，不断有儿童或少年进进出出，小小书店更是繁忙。玛丽亚解释说，如果要让书店更好地运转，做到午间也营业的话，需要4 位全职店员，她正在招人，这样的话，"我们的服务会更完善，书的周转更快，我们也就可以更早搬回原址了！"她笑得如夏日艳阳，信心十足，有这样爱书又敬业的人开书店真是书和读者的幸运。

想到自己多年来逛书店纯属习惯，而网络却使自己渐渐失去读书的习惯，信息的多样化使读书不再是主要的生活乐趣来源之

店员特荐

英语、德语、西班牙语、意大利语书

此行购买的几本书

一，然而看见纸质书我还是感到由衷的喜悦，这种感觉与书的内容没有太大的关系。我们是靠读书成长的一代，书是我们人生旅途的见证，它的形式、载体也许有变化，从实体到电子，从纸张到屏幕，它本身的意义却远远超越我们渺小的人生和当下的时代。每个小小的书店，承载的不光是书本身，更是唯有书才能拥有的无穷魅力。

我一反早已不买书的习惯，顺手挑了几本小书，包括尼采的情书、洛尔迦的随笔、布尔迪厄纪念专页等，然后就是梭罗的《瓦尔登湖》，以谢网友、梭罗著作的译者杜先菊，没有她的鼓励，也不会有此小文。▉

在牛津寻访书店

◎ 文 / 高牧云

扫码即可阅读

牛津街头

牛津基督教堂学院

英国拥有世界一流的高校，如牛津大学、剑桥大学等，这些学府也因此成为各国学子向往的地方，也是在英国旅游绕不开的地方。我在英国伦敦求学期间，名校所在地的牛津自然也是必到之处。2022年8月的一天，我与同学来到了牛津游览。

牛津位于伦敦西北60英里（约合97公里）处，从伦敦帕丁顿车站坐火车到牛津，车程约一个小时。牛津是个古老的城市，地处泰晤士河谷地，四周一片平原，偶有丘陵，风景幽绝，传说是古代牛群涉水而过的地方，因此得名牛津（Oxford），距今已有一千一百多年的历史；牛津又是一个充满活力的城市，因为遍布学校和企业特别是高科技企业，这座人口不多、地方不大的城市居然入选全球城市实验室编制的 2019 年全球城市 500 强榜单。牛津有世界学府之称，整个牛津就是一个大学城，在牛津的街道穿行就是穿梭于各个大学之间，其中最著名的当然是牛津大学了。牛津大学是英国历史最悠久的大学，有八百多年的历史，由许多学院组成。其中最大的学院是 1525 年创立的基督教堂学院（Christ Church College），拥有古色古香的回廊和大教堂，电影《哈利·波特》曾在这里取景，所以这里游人不少。还有 1264 年成立的默顿学院（Merton College），拥有建于 1378 年的全英格兰最古老的图书馆。

牛津大学饱蠹楼及其门前的雕像

对我来说，最想看的是被钱钟书先生翻译为"饱蠹楼"的博德利图书馆（Bodleian Library）。钱老当年在牛津大学的埃克塞特学院（Exeter College）留学时，最爱去的就是博德利图书馆。这家图书馆是世界著名的大学图书馆之一，建于1748年，位于牛津大学的中心处，藏书500万册、手稿6万卷，藏书量仅次于大英图书馆，是英国第二大图书馆。钱老"饱蠹楼"的这个名字译得真精妙，音意俱佳，以音论，"Bodleian"发音近似"饱蠹"；以意论，图书馆可不就是能满足一众的书虫嘛。博德利图书馆是必须提前预约导览才可以入内参观的，参观时间可以是半小时、一小时，甚至一个半小时。可惜我们没有提前预约，只

布莱克威尔书店

能遗憾地在图书馆门前的空地上转悠，拍照留影。

　　大学城的标配大概除了图书馆，就是书店了。博德利图书馆的对面就是布莱克威尔书店（Blackwell's Bookstore，一译"黑井书店"）。这家地面上有四层楼的书店占据了半边道路，跨越了6个门牌号，有"英国最好的书店"和"世界上最好的学术性书店"之称。这就是我们这次牛津之行的主要目的地。这家书店是家族企业，书店的创始人是本杰明·哈里斯·布莱克威尔（Benjamin Harris Blackwell），他曾经是牛津市图书馆的一位图书管理员。1879年，这家后来成为连锁书店的第一家店在牛津开业，现在已成为这家连锁书店的旗舰店。经过一百多年的发展，书店除了旗舰店外，在伦敦、爱丁堡、曼彻斯特等城市拥有

手写立牌

十多家实体门店和不少大学校园书店，还拥有从事在线售书业务的网站。

夏日的午后，如果从街道对面看这家书店，很有可能会误以为这是一家餐厅或者酒吧。因为店门口坐着几位悠闲地聊天的人，店门口还放了几块小立牌，更别提在书店的两部分的中间（另一部分是音乐书店）还真的有一家小酒馆。但是进入书店，马上就会打消这种疑问。

走进书店，就能看到几块小立牌，一块立牌上是举办活动信息，另一块上则是图书配送信息，信息全部手写，还配着一些形

宣传板

代表书店历史的图片

象的手绘。作为英国最大的学术书店之一，这家书店的图书销售品种有 25 万种之多，邮购是主要业务，其次是门市零售，不做批发。书店不只做网上订购的配送，也让员工骑车做牛津市内的图书配送，这种骑车配送的方式或许有些老套，但又和这家百年老店的历史十分契合。也许这种"旧"，又正是一种"新潮"的感觉。想象在这个城市漫步时，下一个转角可能就会遇到正在送书的店员；又可能一次配送，就会给读者带来意想不到的惊喜。这种派送方式也给小时候看惯骑自行车的邮递员身影的我们，带来一些温馨的回忆。

进入门内一楼，抬眼便能看到墙上的宣传板，板上是一幅致敬图片。这是书店在 125 周年店庆的时候，专门拍摄的模仿 1950 年的场景的一张照片。不同于之前照片中的主角是看书的市民，这次拍摄请了不少诗人、作家作为被拍摄的对象，照片中他们所站立的走廊上，还专门有书架展示他们的作品。这张照片和其他代表书店历史的图片一起挂在墙上，展示出这家百年老店发展的轨迹。

按照官方的描述，现在这家书店本身与创办时相比已经发展壮大了许多，从原来的 4 个门牌，变成了 6 个门牌，一部分是音乐书店。地上有 4 层楼，不过最值得注意的是这家书店还有地下空间，那就是位于书店地下的诺灵顿书房（The Norrington Room），其于五十多年前开业，多年来一直被吉尼斯世界纪录列为世界上最大的书房，它可以说是这家书店的精髓，但精彩留待后面再说，还是先看看地上四层吧。

书店二楼的连锁咖啡馆

　　大约是正值暑假的缘故，整个书店都在进行重新排列和整理，以致地上的几层楼都显得有些空旷，书架上并没有图书，只留下一张张纸，用来分门别类，图书都被堆在了一起，让想翻书的人不免有些遗憾。书店的二楼有一家连锁咖啡馆，在那里有不少读者正在看书或者休息。咖啡馆也是小型交流会、读书会以及读者与作者交流的场所，墙上也有黑板，写着下一次的活动安排。看到这个咖啡馆，不由得想起以前上海书城二楼的那一家咖啡馆，想起那些签售会、见面会的情景，有一种似曾相识的感觉。现在很多书店都在销售图书的同时销售文创产品和咖啡、食品，但书店还是应该以图书销售为主，在以图书销售为主业的同

"稀有图书"区域

"稀有图书"区域立牌

时给读者提供阅读和交流的场所，只有这样才会被读者接受。

牛津的这家老店，与分店有一个差异，就是设有专门的"稀有图书"区域，如同一些二手书店会在橱窗展示收集到的孤本一样，这里也有两个柜子，展示了不少珍本书。能看出这些被用心收藏的图书肯定价值不菲，等待着读者来觅宝。这一区域有专门的空间，并且与书店的其他部分不同，有单独的营业时间，在入口处也贴有说明。这样安排也许是为了避免读者被展示柜中的价格吓退而望而却步，让他们

诺灵顿书房

可以有足够的勇气来欣赏珍品。我们没有上前，远远看到有不少店员在处理读者的请求，办公桌上还堆着不少图书。对于珍本书爱好者来说，这里也许是一个可以觅宝的所在。

地上的四层因为在整理的缘故，冲淡了我们的游兴。不过一走入地下的诺灵顿书房，立刻就产生了一种不一样的感觉。整个地面上的书店，以及一侧的音乐书店，都与诺灵顿书房相连接，因此不论从哪边下楼都不会错过。不同于正在整理的楼上，这里的图书基本上各归其位，但还是要注意脚下，以免被堆着的图书绊了脚。自楼上逐级而下，有一种把自己沉入书海的感觉。如果把一排排书架比作山，走进书店的地上部分的感觉是走入山间，那步入这个书房的感觉就是入海，平静而沉浸，或许就像这家书店对于自己的描述，是爱书人的天堂或者是避风港。这个书房整体感觉有两层的空间，在这里陈列的基本上是常见的图书，比如小说或教材这些常被翻阅的图书，并没有特别厚重的专业图书。因为这个书房太过令人震撼，不免让人想动手拍照，或许有太多人做过这件事，又或许店员也有类似的想法，在书房的顶层专门有一块牌子，写着"此处可拍照"。因为开灯少，拍摄的照片虽然并不是很出彩，更达不到官方展示的宣传效果，但站在高处看满目的图书，还是很令人满足。

走出这大大的书房，也可以顺便去一侧的音乐书店，有很多音像制品，这是书店后来新开设的，有一扇小门连通诺灵顿书房。阳光透过楼梯照进来，沿扶梯而上，一步步又走回了地面，虽然只是在书房待了一会儿，却生出恍然隔世之感。夏季特别是暑假期间的牛津，游人众多，书店里却是难得的清静，可以让人找到久违的安宁。

尽管因为没有预约，错过了参观博德利图书馆的机会，但若是有兴趣，进入书店看看，随意穿梭在书架之间，也好似进入读书人的天堂。牛津的书店还有不少，如有英国规模最大的图书连锁店水石书店（Waterstone's）的门店等。由于时间关系，我们就不进去看了，因为布莱克威尔书店已经给了我们很大的满足。

在牛津，值得一看的不只有举世闻名的大学和教堂，还有令人叹为观止的图书馆和书店。■

小而美的秘密

——萨克森门书店的故事

◎ 文／王　竞

扫码即可阅读

老城区步行街上的萨克森门书店

每次，当我走进汉堡市中心的塔利亚大型连锁书店，心里都静不下来。这里越来越不像书店了，更像一家文化百货公司。书架一排排地减少，取而代之的是琳琅满目的礼品和文具。以前摆书的核心场地，经营着一家咖啡店中店，地盘大得快赶上我家附近的萨克森门书店（Sachsentor Buchhandlung）的总面积了。

　　我住在汉堡东南方的贝格朵芙区，萨克森门书店是我们老城区步行街上唯一的一家书店。有一次左邻右舍聚堆聊天时发现，人人都喜欢去萨克森门书店买书，都尽可能不在网店购书。在德国，无论从哪里买书，价格都是一样的，因为德国至今还坚持图

萨克森门书店门前的降价书屋，也是书店的"现金牛"

书固定价格制度，也就是说，图书作为商品，在德国各地的线上线下皆按印在图书封底的定价销售，没有价格战可打，这是国家对文化的保护措施之一。那么，我们为什么不在亚马逊下单了事，却都愿意跑到萨克森门书店买书呢？

一句话说不清。可以说清楚的是，亚马逊没有我们照样活得好，可萨克森门书店是家独立的地面小店，如果我们不去支持，说不定哪天它就会关门大吉。所谓支持，其实再简单不过，就是

从店堂往外看，贺卡是萨克森门书店卖的唯一非书品

要买书的时候到那里去买。也可打个电话过去，如果店里没有，店员会做好预订，第二天上门取书即可。保证可供书目 24 小时书店送货的系统，倒不是萨克森门书店的独创，而是整个德国图书行业多年修炼出来的成果。

萨克森门书店值得珍惜，是因为在那里还能找到书店之为书店的纯粹感觉。它美，其空间布局及采光，暗合了人们对书的天堂的向往。它小，面积仅 69 平方米，环墙而立的书架及书店中

书台的 5 月主题是"花园"

央的书台，只提供 12 个分类的图书，但深知本区读者的核心兴趣，重点是青少年读物、小说、旅游类图书，还有一个亮点，就是汉堡和贝格朵芙区的历史文化相关图书，这种"附近感"十分贴心。

书台的 5 月主题是"花园"，正合时宜。书店门外，在终年打开的遮阳布下，立着两个格外受欢迎的"现代经典"书屉，里面摆着因过时或残损而折价的书。除了卖书，这里几乎什么都不卖，唯一的非书品是贺卡，这件在国内几近消失的纸制品，在德

柯诗乐女士是书店唯一的全职员工

可劳馨女士是书店最早的员工，从 1986 年书店成立之时就在

布珥女士负责橱窗设计和实用类图书

国还是日常生活的构成部分。

这家书店尤为迷人的是它的店员，每次进门，总是那几张熟悉的面孔。他们已届大妈大叔的年纪，亲切和蔼，每个人都懂书，有问题问谁都行。除了老板约翰森先生（J. Johansen）本人，全店只有一名全职员工，那就是柯诗乐女士（U. Kirschner）。其他五位女店员的工作时间或为半天或按钟点计。但她们都有共同点：皆为书商学院科班出身、书迷、老店员。比如，柯诗乐女士自 1989 年入职至今，从未离开过，主要负责小说和店中各项外

孩子们安静地扎在书堆里

联。可劳馨（C. Clausing）女士负责童书，她是书店最早的员工，从 1986 年书店成立之时就在，2022 年要退休了。还有布珥女士(K. Buhre)，她负责橱窗设计和实用类图书。她读书商学院时的两年同步职业培训，就是在萨克森门书店做的。十年前布珥重回贝格朵芙，立刻就跟萨克森门书店续上了前缘。

我女儿读高一时，语文课上讲了歌德的《浮士德》，她和同学去萨克森门书店买书，发现书店里已经摆好了一摞学生版的《浮士德》，好像这家书店神通广大，料到他们学校这个月要讲浮士德似的。神通广大的是柯诗乐，她不仅跟学校有密切联系，还是学生读书比赛的评委。除了为本区的中小学做好服务，当地老年人活动中心每年都会举办几次读书会，萨克森门书店也会在店里把书单上的图书的货及时备足。

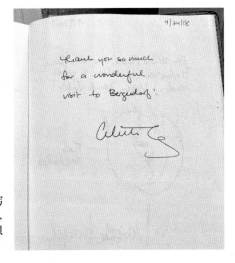

伍绮诗在书店留言簿上写道："2018 年 4 月 24 日，衷心感谢你们让我来到贝格朵芙进行美好的访问。"

2018 年，我参加了书店为美籍华裔女作家伍绮诗举办的朗读会。店里没有做活动的空间，他们和本区的一家文化协会联手，利用人家的空间接待了一百多名读者。活动现场有伍绮诗《小小小小的火》原版、德文版两个版本供作者签售，仅从这个小细节就可看出书店的专业和细心——英文好的读者可以购买原版来读。

2020 年春夏之交，德国因新冠肺炎疫情实施全国管控，只

书店坐落在一栋 1905 年建成的老房子底层

书店员工20世纪90年代的老照片，右一为创始人，中间唯一的男士是约翰森先生，现任老板，左二是柯诗乐女士

有超市、药店被允许正常营业，包括书店在内的其他店面一律关门。萨克森门书店想出了一个巧妙的求生策略，读者可继续向书店网上或电话订书，店员和老板会骑单车给大家免费送书上门。全国管控结束后，步行街上好几家商店都倒闭了，萨克森门书店反而赢得了更多的读者。柯诗乐说，全国管控期间影院、博物馆、音乐厅都关门了，重拾阅读的人反而多了起来。

被评为汉堡七个最美书店之一的萨克森门书店，由约翰森的母亲和她的一位女性朋友共同建立。这两位多年的心愿就是开一家书店。她们的耐心等待有了好结果，位于步行街黄金地段的一家花店搬走了，她们马上在那里开了萨克森门书店。约翰森作为第二代掌门人，从20世纪90年代中期主持书店经营至今。书店从未搬过家，36年来，一直安安稳稳地驻扎在一栋1905年建成的老楼底层。这座老房子受古建筑保护，在装修时须遵守政府部门的各项严格规定，书店连门前的一级台阶都不能变动。

在过去的36年里发生了很多事，东西德统一，马克变成欧元，社会风尚也在激变中。柯诗乐叹息，德国人在家中藏书的传统不再，从纸质到电子，图书形态也在多元化，经营独立小书店实在需要硬功夫。政府是不会设任何文化基金来支持书店这个行业的，谁想做书店，全得靠自己。她说，老板约翰森十分善于经营，跟很多出版社建立了良好关系，从出版社直接进货要比经中盘商之手多一点盈利空间。此外，每个店员都是选书能手，拿柯诗乐举例，店里卖的大部分文学书，都是她亲自读过、选中的，她每天还要读大量书评。卖书、读书、打理店面，一天下来满满当当的。我问："你们怎么做营销？"我发现，广播里能听见柯诗乐荐书，连书店换书架，媒体都进行了报道，原来萨克森门书店在汉堡大名鼎鼎。柯诗乐笑了，说其实没有时间专门做营销，平日里的工作就忙不过来。也许把做书店该做的每件事做好，就是在营销。

柯诗乐很感激德国的图书固定价格制度，若缺了这个制度的保护，小书店哪怕再有特色，也扛不住强大竞争对手发起的价格战。她还感谢了三个人，他们是萨克森门书店的房东。姓儒丁阁的兄妹三人是这栋老宅的共同继承人，也是家族的第四代传人。我问儒丁阁先生，上次给书店涨房租是什么时候。他专门为我查了一下房租合同，然后告诉我，从 2002 年起到现在，20 年没涨过房租。"能把房子租给一家书店，我们已经幸福极了！"他说。他和两个妹妹一辈子都是爱书人。▨

天堂书店
——13 世纪荷兰教堂里的书店

◎ 文 / 李　璐

扫码即可阅读

天堂书店

马斯特里赫特城市景观

在世界最美书店的榜单里，位于荷兰马斯特里赫特的天堂书店（Boekhandel Dominicanen）总是名列榜首。在比利时鲁汶大学读书的我，从未想到，这个常在书中和网上看到的最美书店，就位于我1个小时车程左右的德比荷边境城市——马斯特里赫特。复活节假期，它迅速成为我的游览目的地，书店朝圣之路就此开启。

马斯特里赫特是一座令人着迷的城市，位于荷兰的东南部，在比利时列日和德国亚琛之间，马斯河贯穿其中。据传，马斯特里赫特是荷兰最古老的城市，也是荷兰的第一个居民定居点。因为特殊的地理位置，这里多种语言、文化融合，谦逊、优雅、包容，是它的精神气质。不仅于此，1992年《马斯特里赫特条约》在此签署，标志着欧盟的诞生，成为欧洲一体化的重要标志。

700 年城市记忆之所

在诞生于11世纪的老磨坊中，品尝完古董烘焙店（Bisschopsmolen）的水果馅饼和咖啡，我们在阳光充盈的街道上寻觅着天堂书店的入口。书店位于城市的商业中心，十分容易辨认，因为容纳书店灵魂的建筑多明我会教堂，是低地国家第一座哥特式教堂。

这座教堂生存至今，承载着复杂的历史记忆。它建造于13世纪，但战争结束了其作为宗教场所的功能，在18世纪成了法国骑兵的马厩。在战争结束后的两个世纪中，它更成为城市的仓

马斯特里赫特城市景观

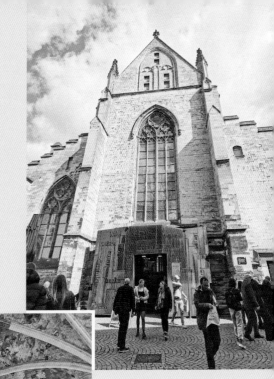

天堂书店入口

书店所在教堂的天顶壁画

库、音乐厅、屠宰场、拳击场、自行车棚和儿童们庆祝狂欢节的地方。直到 2006 年，它被改造成一个可以容纳 5 万本图书的当代书店。

这座建筑的特殊性，不仅在于其复杂、戏剧性的历史功能，更在于教堂内的壁画和屋顶结构具有非凡的艺术史价值。屋顶上的圣徒壁画，其历史可追溯至 1619 年，在北墙上，是已知最古老的壁画，描绘了 1337 年哲学家圣托马斯·阿奎那的生活。但可惜的是，即使后人尽力保护、修复，这些壁画也已经破损严重。

重铸当代人的精神圣殿

荷兰 Merkx+Girod 建筑事务所完成了这座教堂的建筑更新，并因此获得建筑大奖。为了保护古老的建筑，建筑师采用了黑色的钢铁书架，不对称地放置在教堂两边，以确保主干道视野的开阔。读者可以通过攀登黑色的钢铁书架，欣赏到不同角度的教堂之美。据官方介绍，书店零售空间为 1200 平方米。

天堂书店是一家面向大众读者的综合型书店，图书涵盖领域广泛，大部分为荷兰语书籍，少部分为英语书籍。正如旅途中一位当地的长者为我们介绍的那样："它是个好书店，但不是最好的。"客观而言，它有着"最美书店"的通病，建筑空间的精神

书店全景图

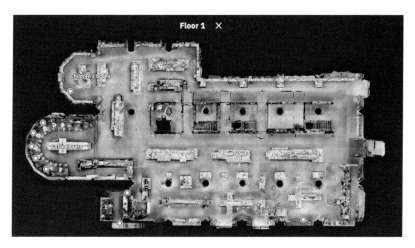

天堂书店全景图

书店儿童主题区

气质远比图书选品、陈列的特色突出。

但仔细探寻，依旧能发现其独特之处。天堂书店拥有两个特别的销售区域，并专门为它们成立了选品和顾问团队。一个是位于右侧钢铁书架顶层的二手书区，另一个是位于左侧二楼钢铁书架的音乐区。

书店为二手书区成立了买手团队，在该区，读者能找到性价比极高的各类图书。而当下，买手团队倾向于更多地收集哲学和

书店内部场景

书店音乐区

书店内部场景

历史主题的二手图书。

参观音乐区时，你能看到密集、整齐地排列的黑胶唱片、CD、DVD 等，以及埋头淘碟的音乐爱好者。如果读者需要量身定制的音乐选品服务，还可以咨询该区的音乐顾问。

文学中的梦想、相信与爱

初恋会用你以前不知道的感觉和欲望压倒你，让你无法怀疑。此时，一个充满需求、冲动、不安全感和怀疑的新世界向你展开了自己，为了表达这些情绪，我们一次又一次地转向诗人和

图书周活动海报

图书周主题展桌

作家。他们用语言表达爱，包括爱的美丽和复杂。初恋在你的一生中回荡，并继续提供温暖的感觉、轻微的困惑或彻头彻尾的思乡之情。

——译自天堂书店官网

这次走访，适逢马斯特里赫特政府和书店共同举办的第87届图书周活动，主题是"对初恋的颂歌"。为了呼应主题，书店搭配了许多仿真玫瑰花和心形装饰，但看上去有一些随意。图书周有主题图书的推荐、签售会和分享活动、诗歌城市漫步活动。

图书周涵盖了一个特别的项目，一年一度的马斯特里赫特博物馆之夜（Art Night Out）。在2022年4月8日周五，从晚上7点到凌晨1点，从博物馆到酒店，从巴士站到洗衣房，观展、跳舞、交谈、唱歌和拥抱，会充斥城市的每一个角落。

当晚，书店主活动为"梦想、相信与自由"的文学之夜。

每小时，6场不同的表演——基于6种不同的文本——以一种特殊的方式为这个天堂般的地方的每一平方米着色。从儿童读物和传奇演讲到尚未创作的小说和文本。从舞蹈和音乐到声音、雕塑和戏剧。每6分钟就有一个不同的关于过去、现在和未来的发言。走进书店去相信、梦想，感受自由！

——译自马斯特里赫特文学之夜官网

除此之外，还有一个奇特的艺术活动"天堂书店厕所开放仪

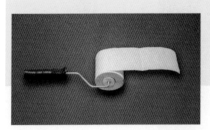

开自己的厕所

🕐 19:00 - 01:00　　📍 天堂书店：厕所

整个晚上，厕所会让很多人感到惊讶！您是否也会参加天堂书店的私人厕所开放仪式？

概念和游戏: Ton Ursem、Ingrid Faassen 和 Inge Vollenberg
制作: Jelle Stiphout (Het Verbond 的艺术总监)

图书周主题活动

式"，也是脑洞大开。

感官印迹，最好的旅行纪念品

不可免俗，每去一个"最美书店"，总得尝尝它们的咖啡。书店将教堂的祭坛区作为咖啡区，并引进了荷兰知名的咖啡品牌Coffee lovers。"在世界上最美丽的书店，您可以享用仿佛来自天堂的咖啡和茶。"令人惊喜的是，这里的咖啡出品水准远在城市平均线之上。

在咖啡区小憩，抬头，是整个书店的热闹景观，仰头，是肃穆的教堂穹顶和壁画。在最美书店中的最美咖啡区喝上一杯咖啡，对于读者和游客来说，都是一份无法忘怀的难得体验。

记录一些印象深刻的细节。我在天堂书店发现了许多中国文化的影子，其中荷兰语《红楼梦》精装套装本被放在了入口区十分显眼的位置。书店允许宠物入内，所以，你能看到狗狗读者的

天堂书店咖啡区

荷兰语《红楼梦》精装套装本

书店内可爱宠物

线上书店网址：https://my.matterport.com

身影。书店的赤红色铁门，展示了用 25 种语言书写的"书"字。

为了让更多人能带走"世界最美书店"的记忆，在书店的官网上，你能找到书店内部最详尽的全景视频。在线上，你能深入书店的每一个区域，近距离观察教堂空间的顶楼木质结构，当你到达最顶楼时，还会发现有人在等你！而这些地方，是你即使实地到访书店，也无法参观到的。

在书店逗留了近 1 个小时，我们需要走向下一个目的地。彩虹色的斑马线、黄色的校车、广场上的复古集市、简洁优雅的建筑，是走出书店后映入眼帘的世界。

天堂书店是马斯特里赫特当之无愧的城市文化地标和著名旅游景点。对于每一个热爱书店之人来说，到此一游已十分荣幸。

我喜欢书店里售卖的城市周边——马斯特里赫特诗歌砖。砖上的话语，便是我心中对这家"世界最美书店"和这座美丽城市的总结。

天堂书店出口处街景

Wandel voorbij de eeuwenoude stadsmuren, dans mee met schaduwen in het park, luister naar de vele talen die golven door deze stad. Hoe oud en jong elkaar ontmoeten, het leven van gisteren verbinden met dat van morgen. Op pleinen en podia klinkt muziek, in aula's, zalen en musea glanst een nieuwe uitdaging: vol bruisende energie de wereld tegemoet.

译文：走过古城墙，在公园里与影子共舞，聆听这座城市中荡漾的多种语言。男女老少相遇，连接昨天的生活和明天的生活。音乐在广场和舞台上响起，我们在礼堂、大厅和博物馆中向生活发出新的挑战：面对充满活力的世界。■

日常之飨
——漫步厨与书书店

◎ 文 / 齐政文 谭 轩

扫码即可阅读

厨与书书店外景

旅居比利时布鲁塞尔十数年，择静处与欧盟总部比邻而栖，甚少搬家，渐渐拼凑出自己的布鲁塞尔理想生活地图。厨与书（Cook & Book）书店便是这份地图上的一个重要坐标。尽管书店地处闲适的欧洲，却十分难得地勉力维持着一周7天自早8点至晚10点开门迎客的节奏，实实在在地承载了当地社区公共文化基础设施的功能，也因此经年累月，容纳了笔者与同事朋友们在布鲁塞尔工作、生活的种种美好回忆。曾为赶早会在比利时滴水成冰的冬天等待通勤车辆，为躲避寒风而闯进书店，于橙黄灯光中捧一杯拿铁，拣一本贴有店员阅读手记的连环画集，匆忙的心情便从氤氲热气里蒸发不见了。更为诡异的是每每有国内旧友学人来访，总是异口同声地要求笔者领路拜访这家据说已被列入"全球最美书店"榜单的文艺之都小众地标，笔者这才知道心中社区书店早已声名远播。

常言道："民以食为天。"而书籍一直以来又被看作是人们的精神食粮。那么是否存在一个理想空间，既可以满足人们的口腹之欲，又能够让人们在精神上获得食粮呢？坐落于"欧洲之心"比利时布鲁塞尔的厨与书书店似乎为联通书房与厨房，实现生活与精神的共飨共振提供了一个良好的样本。

厨与书书店早已不再只是爱书人之间私享的风雅秘密。书店诞生于2006年，以当年独具一格的创新理念融合美食、设计和书籍，曾入选英国《卫报》"全球最美书店"榜单。

书店地处沃吕维-圣朗贝尔（Woluwe-Saint-Lambert）区文化中心 Wolubilis 建筑群核心区域自由时间广场（Place du

吕维-圣朗贝尔区文化中心建筑群核心区域"自由时间广场"(Place du temps libre) 鸟瞰（图片来源：Wolubilis）

自书馆内观文化中心广场

temps libre），占据其中 A、B 单元楼体的底层，面积达 1500 平方米。书店采用复合式多业态融合设计，由 9 个主题书馆与 5 个餐饮空间嵌套而成，覆盖连环画、文学、童书、艺术、人文、美食、英文图书、旅游和音乐九大图书品类，以走廊渐次连接，呈弧状分列于文化中心广场周边。各书馆依据多元主题采用不同特色装潢，风格各异；人们漫步其间，仿佛在众多精神岛屿之间随心徜徉。餐饮空间散落其中，提供全天候服务，供应早餐、午餐、晚餐、咖啡、点心及酒水。新冠肺炎疫情前，周中无论时间早晚，书店总是熙熙攘攘，挤满了来此学习、工作、用餐、会谈，甚至只是发呆、小憩片刻，以求换换脑子、找寻灵感的学生、外交官、创意工作者、上班族与商务人士。周末的书店更按当地人习惯准备丰盛的早午餐，常有访客携家带口，选择在书香中度过团聚时光。这一方独特的书店风景来自厨与书书店两位联合创始人一以贯之的运营理念：让书籍回归生活，让阅读与生活相融，在日常中展现阅读的价值。

今天，请随笔者一同走进曾于十数年前引领书店创新模式，现已然成为布鲁塞尔城中名副其实公共生活共享空间的"世界最美书店"——厨与书书店。

书店正门外便是当地公共交通枢纽 Roodebeek，地铁、有轨电车和诸多巴士线路在此交汇。自地铁站出，径往书店走，已能感受到书店和近邻文化中心的浓厚的文化聚落的氛围。建筑群呈月白色，造型高低错落，文化和亲子设施一应俱全。毗邻书店的文化中心的建筑外墙上常常放映露天电影，供居民纳凉时观

① ② ③ ④

① 书店正门入口处账台区域，摆满了精心挑选出的
　反映比利时文化和人文风情的连环画代表作
② 书店正门入口处的账台区域
③ 日本漫画陈列区随处可见的手写推荐语
④ 书店卫生间入口处的标识

连环画书馆（图片来源：Cook & Book）

赏。试想，光影斑驳摇曳之下，夏日凉风习习，来一份甜蜜的冰淇淋，打上一个幸福的饱嗝，随三五好友共享一段愉悦的时光，不亦快哉！

推门而入，仿佛走进了连环画爱好者的天堂。在连环画书馆，能与全副武装的美国蝙蝠侠等身模型相遇，翻阅经典日本漫画作品并追踪最新热门作品连载，回顾法国《高卢英雄传》中阿斯泰利克斯和奥比里克兄弟荒诞诙谐的历险故事，更可以尽情遨游在比利时本土漫画的宏大宇宙中：比利时著名连环画《猫》中身穿西装、体型肥胖的"猫先生"；永远和小狗白雪一同奔跑的年轻记者丁丁；当然，也不能忘记陪伴中国读者长大的那群快乐活泼的蓝精灵们。书馆内陈列着大量具有收藏价值的连环画版画、作者签名海报和限量手办，颇引读者"发烧"，连指引读者去卫生间如厕的标识都很有卡通元素。

转过连环画书馆，便来到了旅游书馆。迎接读者的是一个硕大的地球仪，下方摆放着许多聚焦布鲁塞尔人文胜迹的导览丛书和摄影集。书馆正中放置着一艘硕大的银色艇舱，或许是太空飞行器，又或许是深海潜艇。舱体银色的背板倒映出周边的图书，仿佛正在书籍的宇宙或是海洋中穿梭。拾级而上，钻进舱艇内部一探究竟，原来这是一处温馨的阅读角兼小餐厅，里面摆着供小朋友们翻阅的旅游读物。询问之下，笔者了解到艇舱来自书店创始人的私藏，是比利时艺术大师帕纳马伦科（Panamarenko）的装置作品。装置周围都是用餐区域，无一例外地悬挂着"坎贝尔汤罐头"吊灯，向波普艺术大师安迪·沃霍尔致敬。吊灯下明黄

比利时艺术大师帕纳马伦科的装置作品（图片来源：Cook & Book）

旅游书馆

色的餐桌及银色沙发后通透的半落地窗，仿佛呈现出美国画家爱德华·霍普的《夜游者》中的世界。书馆内深褐色的实木书架与整个空间的现代主义气质形成了强烈的对比，带来一抹突破日常的诗意表达。

自旅游书馆出来，缓步穿过富丽明亮的酒馆区域，便步入艺术书馆。由两个分别闪烁着黄色和粉色的玻璃立方体围合的空间内设用餐区域，线条简洁，具有非凡的现代特色。这一空间之外陈列书店精心挑选的艺术设计类图书，涵盖艺术、建筑、绘画、设计、时尚、电影和摄影等主题；同时配合销售生活美学产品，

酒馆区域（图片来源：Cook & Book）

曾经的童书书馆，当时正在翻修（图片来源：Cook & Book）

现在的艺术书馆临时陈列童书，可以看到原本装点童书书馆的手绘定制灯具（比利时建筑师 Caroline Notté 设计作品）同步移入新空间

如创意设计工具、笔记本、日记本和明信片等。不过，因童书书馆正在整修，艺术书馆临时改为陈列童书，艺术类相关图书并入音乐书馆。

继续往前走，越过一个现代主义风格的迷你画廊，步入一片狂野的音乐天地。数以千计的古典、爵士、流行摇滚、世界音乐、法国香颂的CD和黑胶唱片栖身于比利时艺术家John Gillis/Aline Bouvy用打火机绘制的天花板壁画之下：巨大、混乱，给人充满包裹性的沉浸感。吉他主题的艺术作品点缀着音乐

音乐书馆（图片来源：Cook & Book）

文学书馆外观

文学书馆（图片来源：Cook & Book）

文学书馆内餐饮空间
（图片来源：Cook & Book）

比利时视觉符号随处可见
（图片来源：Cook & Book）

文学书馆内，陈列着以《毛主席去安源》油画为封面的《中国历史》

充满仪式感的文学经典图书陈列

书馆，与空间内的三角钢琴相映成趣。音乐书馆常举行音乐会，也向私人晚宴和派对开放，别有意趣。

离开 A 馆，进入 B 馆。天色渐暗，行至文学书馆入口时，只见内外灯光延绵，店内自天花板垂下八百多本书，或掩或展，以飞禽的姿态呈现思考者灵感或顿滞、或飞翔的情状。每一本书又都仿佛闪烁着一位作者的灵魂，行列之间、群星璀璨，人类灵魂因创作不朽。文学书馆区悬挂着意大利宝藏设计品牌 Kartell 的经典灯具，照亮了文学书馆内编辑推荐的世界文学及历史类图书。在这里，我们找到了一本以《毛主席去安源》油画为封面的

《中国历史》，旁边还有近期大热的尤瓦尔·赫拉利的代表作《人类简史》。

文学书馆由一绿色调的迷你画廊连接人文书馆，你可以在这个小角落里找到20世纪下半叶所有年份出生的人群当年所经历的大事记乃至其共同性格特点，配上年份专享的明信片，很是有趣。

进入人文书馆后，无论是铺满地面的红砖，还是空间内的阳光房，乃至墙面上以白雪公主和七个小矮人在草地上嬉戏为主题的装置都再次凸显出一种在日常场景中注入的诗意。馆内能够找到社会科学、科普、手工制作、休闲、园艺、装饰、美容、魔法乃至占星等方面的图书。我们甚至在人文书馆内偶遇了以法语写就的王勃的诗句"海内存知己，天涯若比邻"。阳光房内便是人

人文书馆（图片来源：Cook & Book）

阳光房内的园艺主题图书陈列　　　　出生年份大事记与贺卡

文书馆的用餐区域，该区域也用于举办图书签售会或供作者与书迷进一步交流。

　　作为一家以链接书房与厨房为特色的精品书店，自然不能少了美食书馆。居于文学书馆右侧的美食书馆索性就开在一家意大利特色餐厅之中：地面铺设格纹砖，墙上挂满香料图片，厨房保留了开放式餐台，精美的烹饪类精品图书与银光闪闪的炊具、琳琅满目的调料比邻而居。最可爱的是，落地窗旁摆满了喷绘有世界各国国旗的马克杯。在灯光的照射下，五星红旗也变得熠熠生辉。馆内设专区展示世界美食文化，中国的小笼包似乎尤受青睐。

　　美食书馆通向书店的最后一个主题区域——英文书馆。馆内

美食书馆

美食图书陈列

美食书馆的世界美食巡礼，中国的包子家族似乎尤为受到青睐

英文书馆（图片来源：Cook & Book）

英文书馆外观

英文书馆中的《共产党宣言》

英文书馆中的《老子》、《孙子兵法》英文版

店员手写的推荐语与
书店专有书签

装饰极尽英伦特色：米字旗灯罩，遍地红毯，摆放摄政式沙发。馆内在供应英式茶点的同时，提供充足的英文图书供读者选择。厨与书书店也因此能够长期占据钟爱英文图书的旅居布鲁塞尔的外交商务人士书店票选榜单之首。

厨与书书店内的风景便是生活的各种场景。书店、餐厅店员年龄均偏年轻化，两性平衡；餐厅出售的餐品价格适中，与其他提供同类餐饮服务的餐厅基本齐平；书店最主要的利润来源为餐饮；图书品种中有与中国相关的图书或者中国作家在海外出版的图书。

值得一提的是，尽管书店也有官方网站和社交媒体账号，但并未追随当前潮流安装过多电子检索设备，反而更多依靠店员服

美食书馆内别具特色的装饰——国旗马克杯

务。店内图书封页常能读到店员手写的简短阅读心得和推介语，眼熟的署名时就像老朋友心照不宣的暗号一般，又为阅读增添了一分温度。

十数年前创立之初，厨与书书店因革新的室内陈设理念曾被视作引领生活方式的"奇观"，今天却愈加蜕变为呼应城市人群日常需求的服务共享空间，熟悉、妥帖，有求必应——无论是填补生理的饥饿还是清除精神的倦乏。书房与厨房的链接，几乎能够承载所有日常的重量，我们如果冀望在庸常、重复的生活中邂逅美、生发灵感、发现新知、感受惊喜，那么，阅读生活化、生活艺术化或许是最好的解决方案。▊

现实与虚构的互文
——布鲁塞画廊书屋*

◎ 文 / 谭 轩 齐政文

扫码即可阅读

布鲁塞画廊书屋外部街景

---

* 特别致谢布鲁塞画廊书屋合伙人 Driss Kasri 接受笔者访谈

比利时是欧洲漫画艺术的摇篮。这座居于欧洲十字路口的漫画王国曾诞生过蓝精灵、丁丁、幸运的卢克、斯皮鲁等世界经典的漫画形象。作为童话色彩浓厚的漫画国度首府，布鲁塞尔更是一座活在漫画之中的城市。多年以来，漫画日益融入布鲁塞尔的城市建设中。一个个虚拟的漫画场景和人物形象也都纷纷跳出纸面，来到街道、广场，走上建筑物立面，出现在如地铁站、火车站和机场等城市公交系统中。与此同时，布鲁塞尔还拥有诸多漫画文化机构及大型主题活动品牌，如比利时漫画艺术博物馆（Centre Belge de la Bande Dessinée）、以漫画人物名字命名的街道、一年一度的布鲁塞尔漫画节等等。布鲁塞尔古城中心专设一条长达3公里的步道（Parcours BD），供市民、游客在丈量城市的同时按图索骥，遍寻散落在城内的漫画主题地点。步道沿线有攀缘在墙面上的漫画喷绘、屹立在广场或者街道上的公共雕塑、可爱有趣的漫画博物馆、漫画衍生品商店、漫画画廊等等。穿行其中，仿佛在现实的街景中搭上了跨次元机，穿梭到虚拟的流动盛宴中去。而漫画书店作为众多漫画作品的传播载体，自然成为开启这个跨次元机的金钥。

因为漫画，布鲁塞尔留存了"不老城"的心性，漫画为这座千姿百态的"欧洲首都"增添了一份俏皮与活泼。

繁华的布鲁塞尔市中心坐落着这样一家与众不同的书店。它虽专营二次元连环画册，但处处透露着对三次元世界的关怀与思考。它虽是一家书店，却也是一家精美的画廊，用细腻的笔触勾勒着布鲁塞尔的前世今生。在这里，现实插上了腾飞的翅膀，在想象的世界中自由徜徉。这种将理想主义与现实主义完美融合的风格贯穿了书店的设计与经营，吸引了如潮的欧洲漫画拥趸。它就是大名鼎鼎的布鲁塞画廊书屋（Librairie & Galerie Brüsel）。

书屋由雷诺德·勒克莱尔克（Reynold Leclercq）和弗雷德里克·洪斯（Frédéric Ronsse）于1994年共同创立。此后近三十年来，书屋都始终静默伫立于历史文化建筑星罗棋布的布鲁塞尔古城心脏地带。书屋改建自一幢拥有百年历史的食品商店建筑，数十米开外便是雨果反复称颂为"世界最美广场"的布鲁塞尔大广场（Grand-Place de Bruxelles）和19世纪初拿破仑诏令建造的布鲁塞尔证券交易所。时至今日，位于布鲁塞尔中央大道（Anspach）上的布鲁塞画廊书屋主址已由60平方米拓展至160平方米，经过书屋团队精心挑选而销售的漫画图书高达万种，俨然成为闹市之中的一方漫画桃源。布鲁塞画廊书屋的诞生和发展浸透了两位联合创始人对漫画这一艺术形式的热爱和投入，亦折射出他们长期浸淫于漫画专营书店经营工作而对欧洲漫画业产生的观察与思考：如何更好地服务漫画读者？如何更好地服务漫画创作者？如何鼓励和扶持独立漫画艺术家？如何促进读者和创作者间的联结和交流？如何能够从空间设计和服务构架体现漫画书店的专业性？如何审视和承担漫画专营书店所肩负的行业使命？简而言之，如何为漫画专营书店自内而外地注入一个鲜活的灵魂？

今天，当我们再次踏入布鲁塞画廊书屋，仍然能够清晰辨识出书屋创始团队约三十年前对原建筑开展改建的匠心。原有的食品商店仅保留立面及基础墙面，其他部分则由新建的黑色金属楼梯及多条通道分割出内部垂直空间和各个漫画区。书屋内至今仍然裸露着暗红色的砖墙。金属和玻璃两种材质的大胆应用突出了空间的前卫通透。数千种图书分门别类地垒于其间，与布鲁塞尔19世纪末产生的"新艺术运动"的建筑特色遥相呼应。

书屋内部的黑色金属楼梯及暗红色砖墙

这一独特空间表达的灵感实际来源于著名比利时漫画艺术家冯索瓦·史奇顿（François Schuiten）的代表作《朦胧城市系列·狂热乌比坎》(*Les Cités Obscures/La Fièvre d'Urbicande*)。书中的主人公某日发现了一个约书本大小的网格立方体，随后立方体开始无休止地复制和扩张，最终冲破了建筑、城市乃至地理环境的约束，颠覆了原有社会的陈旧秩序，帮助市民打破隔阂，重新建立联结和交流。如今，遍布书屋空间的黑色嵌套框架便是该书中的网格立方体在现实中的投射——虚构创作的力量正如无限繁衍的立方体，支撑起广大的想象世界与生命飞翔的空间；规整坚硬的立方架构又与书屋内无比柔性的人文

布鲁塞画廊书屋合伙人 Driss Kasri 手持图书《朦胧城市系列·狂热乌比坎》

《朦胧城市系列·狂热乌比坎》（图片来源：François Schuiten、Benoît Peeters & Casterman）

《朦胧城市系列·狂热乌比坎》漫画中的网格立方体
（图片来源：François Schuiten、Benoît Peeters & Casterman）

交流相互映照——完美构建出漫画虚拟创作世界与现实世界的链接。这便是书屋为漫画爱好者埋下的第一重密码。

赋予灵魂的第二步：乃呼其名——布鲁塞画廊书屋名字的由来

"Brüsel"实际区别于布鲁塞尔市在当地通行语言（如英文"Brussels"，法文"Bruxelles"，荷兰文"Brussel"等）的拼写。这一名字来自赋予书屋空间表达灵感的同一建筑图像系列小说，即于1980年开始出版的"朦胧城市"（*Les cités obscures*）。该系列图书自问世以来备受建筑界与电影界的追捧，被译为十余种语言于世界范围内发行，并荣获众多奖项。其中《朦胧城市系列·布鲁塞》（*Les Cities Obscures/Brüsel*）一册讲述了以布鲁塞尔为画面原型的城市改造故事，作者在其中充满乡愁地描摹了布鲁塞尔市的历史建筑与城市图景，讥讽当地盲目引入现代主义建筑代替历史建筑、过度商业开发的"布鲁塞尔化"（Bruxellisation）行为。

两位书屋创始人在经营书屋之初经过慎重考虑，拟选"布鲁塞"（Brüsel）作为书屋的名字。其原因显而易见：首先，"朦胧城市"就其艺术水平而言都已成为欧洲漫画创作的高峰，而脱胎于布鲁塞尔市原型的"布鲁塞"，无疑是创始人寄望新书店成为布鲁塞尔漫画专营书店地标雄心的最贴切表达。其次，更富浪漫意味的是，这一命名与两位创始人对于书屋空间表达的思路不谋而合——让虚构跃入现实，让现实反哺虚构，巧妙搭建幻想世界与现实空间的桥梁。另外，漫画《朦胧城市系列·布鲁塞》的作者、欧洲顶级图像小说巨匠冯索瓦·史奇顿生于布鲁塞尔，他的虚构创作深深植根于这个哺育他的布鲁塞尔城。作者对布鲁塞尔的观察经想象和虚构形成幻想世界中的"布鲁塞"，再经过新生书屋的绝妙创意回归布鲁塞尔古城中心。这种现实城市和虚构城市通过城市居民实现的交流与互动是书屋为漫画爱好者们埋下的第二重密码。如此匠心独运，再加上书屋的空间设计对于原作艺术形象的忠实致敬，打动了"朦胧城市"系列的两位作者冯索瓦·史奇顿及贝涅·彼特（Benoît Peeters）。他们力排众议，出人意料地同意将书名"Brüsel"出借给初出茅庐的两位创始人，

书屋命名来源漫画《朦胧城市系列·布鲁塞》

甚至同意新生的书屋使用原作图形设计作为书屋标识。

这是个荒诞而充满魅力的故事。那还是 20 世纪 90 年代之初。史奇顿出身建筑世家，以在漫画作品中建构的虚拟建筑与城市空间闻名世界；此后，除以漫画为手段进行虚构创作之外，他也曾为多部电影设计场景及统筹视觉，更应邀为他深爱的布鲁塞尔地铁站与博物馆承担景观设计工作，为城市打下他想象的烙印。而布鲁塞画廊书屋也以城市之名与独树一帜的创新精神，迅速开启了当地漫画专营书店的进化之旅，日益成为漫画爱好者在漫画之都朝圣时的必到之地。这种虚构与真实的交织，或许就开始于布鲁塞画廊书屋。

赋予灵魂的第三步：超前的业态设计

细心的你一定已经注意到了，布鲁塞是一家画廊书屋（Librairie & Galerie）。走进书屋，一层鳞次栉比、陈列图书；二层为挑高艺廊，挂满了漫画艺术家的漫画手稿、限量印刷品以及签名收藏品。

在与店长交流的过程中我们了解到，布鲁塞画廊书屋系比利时首家将画廊和书店模式结合的漫画专营书店，兼有展览和销售的功能。如今，书屋已发展出一系列精彩丰富的活动与服务——举行原作展览、现场创作（作画上色等）、新书发布会、读者交流会、签售、海报和印刷品销售、衍生品销售、藏书票发售等等。令人感动的是，在书屋建立之初，创始人在构想书屋业态时，已对专营书店肩负的面向读者群体普及漫画艺术领域的技术

布鲁塞画廊书屋一层陈列售卖漫画图书

布鲁塞画廊书屋二层展示漫画原画，可供售卖收藏

知识和兴趣培养方面加以考量。书屋二层展示空间的设计的首要目的就在于借由不间断的原稿展示打破当时大众对于漫画创作的误解，说明漫画创作过程的不易，以此提升读者对于漫画创作者劳动成果的认识和尊重。除收藏品销售以外，为鼓励漫画进入读者群体的生活日常，书屋提供漫画作品装裱服务，服务甚至细致到针对画框的选择给出专门建议。21世纪以来，布鲁塞尔旅游业日益发达，位于古城中心的书屋也相应地调整了部分展示策略。书屋通过开发与布鲁塞尔建筑或人物相关的漫画作品的衍生印刷品，来满足国外游客对漫画的喜爱，以及对纪念品的需求。

书屋二层一角

书架上陈列着图书的衍生印刷品

布鲁塞画廊书屋在 160 平方米左右的空间内提供了来自世界各地的近万种漫画图书供读者选择。其中主流的是欧洲漫画的典范，即法国-比利时法语漫画作品。书店的两层空间都有收银台，由店员轮值，随时随地提供建议和查询服务，以便漫画爱好者和普通读者都能够自由地邀游于如此庞大的漫画海洋。同时，书屋自创立以来，无论创始人还是团队员工，仍然坚持使用非常具有亲和力的手写推荐卡片向书屋读者们分享他们的阅读体验。笔者在现场访谈期间便十分惊讶于创始人对于书屋陈列的图书的熟悉程度，无论是遇到介绍经典著作的情况，还是在展示最新的漫画出版物之时，他能够直接穿梭于书架之间，即刻找到相应的漫画图书后翻至讨论所涉内容的具体页面。据了解，创始人之一勒克莱尔克本人每年至少阅读 1000 本漫画；创办书屋十数年后，这位创始人也因为多年的积累获邀出任曾成功发行"丁丁历险记"的世界知名儿童文学和漫画出版社卡斯特曼的专门编辑。

同时，书屋对于与漫画

漫画前不时摆放书屋员工的手写推荐卡片

布鲁塞尔火车博物馆举行"中国京汉铁路"展览之际发行的纪念画册

法国漫画家蒂埃里·罗宾（Thierry Robin）根据中国历史上的土司题材创作的漫画

2021—2022年圣诞与迎新年期间的销售冠军：法国知名评论家让-马克·扬科维奇（Jean-Marc Jancovici）与漫画艺术家克里斯托弗·布雷恩（Christophe Blain）跨界合作的环保漫画

读者对阅读体验的分享交流的重视也自20世纪延续至数字时代。以往，书屋团队会专门编辑发行纸质季刊邮寄给读者群体。而现如今，他们则因应数字时代的发展，转换了工作节奏和沟通载体，改为每周精心准备电邮，维持与读者群体的及时沟通交流。

面临挑战的欧洲漫画阅读

漫画，即"漫笔随意而画"之意，是虚构创作的重要载体。

漫画在法语中称为"bandes dessinées"，中文直译为"绘画集"，自第二次世界大战以后逐步由儿童文学发展出严肃、文学性乃至实验性的主题，难以量产、复制，娱乐化、工业化的可能性低，因此也被雅称为"图像小说"。欧洲漫画以法国-比利时漫画为代表，与流行文化特色明显的日式漫画（manga）和美式漫画（comics）有所区别。然而，也正是欧洲漫画对于文学和艺术

书屋日式漫画专区

的关注，导致其在与日式漫画和美式漫画的竞争中丢失了大量本土的青少年读者群体。

布鲁塞画廊书屋历经新冠肺炎疫情，仍然坚守在城市文化图景之中。但受访人不无遗憾地表示，尽管书屋因为区位优势，吸引了大量25—35岁的顾客群体。然而，就欧洲读者漫画阅读习惯的整体变化趋势而言，部分经典漫画的读者群体正在迅速老去，且读者更新可能性极低。为了吸引不同年龄层的顾客，该书屋还获得了"哈利·波特"系列与"神奇动物在哪里"系列这两部系列作品"布鲁塞尔小巫师之家（Little Wizard's House of Brussels）"的官方授权。书屋除了在线下与线上陈列、销售包括魔法杖、斗篷、魔法药水、徽章等达百种授权商品之外，更与市政府、各地旅游局、学校、社区乃至企业联合组织主题活动，挟"小巫师之力"，直接触达小读者群体，播撒阅读虚构作品的快乐。此外，为了满足海外顾客对漫画的需求，布鲁塞画廊书屋还开启了网上预订寄送的服务，即顾客在线上购买图书时，还有机会获得由漫画作者亲笔签名的藏书票（ex-libris），从而推动海外顾客对书屋的持续关注。

近三十年前在漫画之都布鲁塞尔开启漫画专营书店新篇章的弄潮儿，今天是否还能在变动的城市与社会之中再造与新读者群体的有机连结？布鲁塞尔虚构与现实互文的故事能否再继续续写？后疫情时代和数字技术又为漫画书店带来了哪些机遇与挑战？让我们跟随布鲁塞画廊书屋的脚步，一起向前方勇敢而又炽热地探索前行。■

"哈利·波特"系列商品与
画廊展示融为一体

书屋购书附赠的藏书票

中世纪古城的老书店

◎ 文 / 郭靖伶

扫码即可阅读

百年连锁书店标准书店

标准书店整体风格与新华书店颇为接近

当人们想到比利时，很多时候会想到布鲁日（Brugge），这座位于西弗兰德省的古城，重要的贸易和文化之都。作为欧洲中世纪定居点的杰出范例，弗兰德斯画派早期画家的故乡，布鲁日完整地保留了中世纪城邦的样貌。河道在城市中穿行，哥特式建筑林立，青石小路、红砖山墙、灰白庄严的教堂、静谧古朴的石桥，每一处景致都讲述着历史的沧桑变幻，彰显着文化传承的迷人魅力。

儿童书店克拉维斯书店

儿童书店克拉维斯书店

了解布鲁日，除了观赏高耸的钟楼、雄伟的建筑、热闹的广场、优美的运河，更要去探寻博物馆、艺术展和书店。布鲁日老城区约有 20 家大大小小的书店。在游客最集中的游船码头到大市集广场一段不足 500 米的路上，居然就有四五家书店。其中有百年历史的连锁书店标准书店（Standaard Boekhandel），书目齐全、分类详尽，整体与新华书店颇为接近。小巧温馨的儿童书店克拉维斯书店（Clavis），色彩鲜明，大量的图画书来自世界各地，店主甚至热情地为我介绍了不少来自中国的作品。而布鲁日的"土著"布鲁日书店（Brugse Boekhandel）和德雷格尔书

土生土长的百年老店布鲁日书店

布鲁日书店街景

店（De Reyghere Boekhandel），则是布鲁日土生土长的百年老店，是当地图书市场的典型代表和标志品牌，这两家书店甚至被认为是布鲁日街头的固定资产。

布鲁日书店

　　自1934年以来，布鲁日书店一直坚守在古城中心第韦尔运河沿岸的大街上，书店门口正对着的聂波穆克桥（Nepomucenusbrug）下，是布鲁日游船的登船处。我就是因为登船时一眼望到这栋赭褐色的有着阶梯式山墙的小楼，才想着一探究竟。书店所在的这段第韦尔（Dijver）大街上，依次立着艺术品店、欧洲学院、格罗宁格博物馆、阿伦兹府和格鲁修斯博物馆等，透着浓厚的文化、艺术气息。

这家由德梅斯特（De Meester）家族创建并精心打理的书店，如今已传至家族第三代，近 90 年来一直是第韦尔运河边响当当的名店。书店门口摆放着布鲁日特色的明信片、地图和旅游书，明亮的玻璃橱窗里陈列着五彩斑斓的童书和畅销艺术书，一副旅游胜地书店该有的样子。

布鲁日书店入口摆满了明信片

布鲁日书店品类丰富的杂志区

　　走进书店，眼前两三百平方米的这层店面不甚宽敞，书架展台的布局紧凑、鲜明、有序。布鲁日书店总体上是一家综合性书店，品类丰富齐全的报纸杂志，经典畅销的小说、人物传记、历史文化著作占据了临街的半个店面。在这里可以找到关于布鲁日的各种图书，你想知道的关于这座城市的一切，都可以在这里读到。书店后半个店面通过落地窗与庭院相接，是儿童和青少年图书专区。这片小天地布局疏朗，更适合孩子们泡在这里挖掘宝藏。

热销书展台布局鲜明有序

小说类图书人气最旺

布鲁日书店的奇幻小说和读者休闲区

书店地下层的蕾丝工艺类图书区

看似普通的文艺书店，其实富有玄机。布鲁日书店对自己的定位是"一家拥有特定专业的综合书店"。沿着书店中间的楼梯逐阶而下，这里还藏着另一番天地。书店地下层面积不大，主要摆放大量的奇幻小说（fantasy）、蕾丝工艺类图书和教科书，而这才是布鲁日书店的专业。

现任经理科恩·德梅斯特（Koen De Meester）是个奇幻小说迷，"随着这一类型作品的风靡，此类图书在店内的占地从原先文学区旁边的几个书架，到现在已占据地下层的四分之一"。店员米凯拉（Michaëla）也是狂热的奇幻小说迷，她介

书店地下层

绍，"2009 年书店与出版商雅克邮政（Jacques Post）成功举办了一场奇幻小说写作比赛（Brugse Boekhandel Fantasy Award），取得了巨大成功。此后数年布鲁日市承办了这个项目，布鲁日书店也名声大震，成为著名文化品牌 FACTS（Fantasy Animation Comics Toys & Science Fiction，诞生于比利时的奇幻小说、动画、漫画、玩具和科幻集合品牌）的合作伙伴，并每年参与到 FACTS 的全球展览与贸易活动中"。除了展览会交易、图书馆供货，书店也积累了大批忠实的粉丝，他们会定期到店里淘货，因为这里总会有最齐全、最独特的版本。

琳琅满目的蕾丝工艺类图书和收藏同样令人印象深刻，超

布鲁日书店的儿童和青少年图书专区

过 400 个品种的关于蕾丝的图书，涵盖了几乎所有的蕾丝制作模式和不同程度学习者的各种教程。据介绍，在蕾丝领域拥有多年经验的布鲁日书店在 2019 年底冒险收购了芭芭拉费伊出版社（Barbara Fay Verlag）的出版和发行业务，并以"布鲁日书店的芭芭拉费伊"的名义开始出版新书。书店的网店上可以找到所有与蕾丝制作相关的书籍，批发客户还可以访问 www.barbara-fay.com 在线下单。这一举措是书店在专业领域的深层次探索。通过网络，书店在西欧甚至更远的地方也"举世闻名"，喜欢蕾丝制作的人都知道布鲁日书店是首选地，也时常有日本人来这里囤货，可见其声名远播的程度。

布鲁日书店最热门的旅游书

布鲁日书店更关注实用性，在当地以销售和提供教科书、练习册的订购服务而闻名，书店同时向学校和图书馆提供长期服务。布鲁日的许多居民一直都在这里购买中小学教科书、练习册。但近年来一些学校和教育机构逐步切换到在线网购图书，书店也在积极适应这种新的变化。经理科恩表示，"当情况改变时，我们必须重新改造自己；但我们有很好的客户，也会在交易会上销售，我几乎每年去巴黎 20 次。"

虽是老店，但书店快速融入网络大潮，能够适应客户不断变化的需求和愿望。正如创始人约瑟夫所言："通过书籍，让文化成就尽可能多地抵达每个阶层的人。"

德雷格尔书店·文学书店

德雷格尔书店·旅行书店

德雷格尔书店与布鲁
日钟楼面对面相守了
一百多年

德雷格尔书店

　　德雷格尔书店由朱莉·拉里顿（Julie Laridon）和她的丈夫埃德蒙德·雷盖尔（Edmond De Reyghere）于1888年创立，是比利时弗兰德斯区最古老的书店，位于布鲁日大市集广场一边，与布鲁日钟楼面对面相守了一百多年。书店如今由朱莉的曾孙女伊冯娜·斯坦伯格（Yvonne Steinberger）及其儿子托马斯·巴比尔（Thomas Barbier）经营，算起来已是第五代了。

　　书店以其文学性特色闻名，自20世纪50年代开始专注于

德雷格尔书店中心书台

德雷格尔书店·文学书店橱窗

法国文学，并逐步成为当地一些文化名人的交流之所。1988 年书店百年之际，伊冯娜接手书店并进行了突破创新：增加荷兰语图书的比重（当地通行荷兰语），大量举办图书推介活动，提出"打开书本"倡议，即每月邀请重要的嘉宾到城市来演讲。由此，书店的文化活动日益频繁，读者也更为广泛。2000 年书店被选为弗兰德斯最佳文学书店，2005 年被国际书商联合会列入世界最具特色书店名单。

德雷格尔书店分为文学书店和旅行书店两个独立但相邻的店面。文学书店中，高高的书墙上摆满了经典畅销的各种文学作

德雷格尔书店·旅行书店

品，有英语、荷兰语、法语、德语等语种。热闹的市集广场逛累了，一转身步入这样一处幽静典雅的文学殿堂，随手翻阅国际流行的报纸杂志、小说、艺术书和历史相关读物，着实是旅途中放松心灵的一刻。百余平方米的店面，后部的一大块空间依然留作儿童阅读空间，小沙发、毛绒玩具，种类繁多且美丽多彩的图画书，给孩子营造了一个温馨的环境。

书店 120 周年纪念时，布鲁日漫画家马雷克设计了一系列幽默书签，以书店的历史为框架，用独特的方式描绘了佛兰芒文学的里程碑。由此可见德雷格尔书店的文学地位。

　　海蓝色的德雷格尔书店·旅行书店（Reisboekhandel De Reyghere）如同一艘扬帆待发的大船，专门出售关于旅行的图书，如旅行手册、地图、指南和旅行见闻、地理风貌类图书等，包括孤独星球（Lonely Planet）系列，有英、德、法、荷等多语种可供选择。这里还有大量关于布鲁日以及比利时的书籍，对来到布鲁日的游客非常有吸引力。

　　为了让图书在文化地图中更为凸显，书店在 2013 年利用自家楼上客厅推出文学沙龙，举办了与文学、诗歌、哲学和艺术相关的读书活动，并打造了专门的展览空间。沙龙也是读书会的举

德雷格尔书店·旅行书店中认真阅读的读者

书店举办文学沙龙的客厅

德雷格尔书店·文学
书店的儿童读物区

办地，有三个阅读小组全年运行。

　　经历了漫长岁月和世事变幻，热爱仍是让百年老店继续大步前行的动力和源泉。德雷格尔书店坚守的核心理念，就是给书籍以足够的关注，给书籍以应有的公共和文化地位，为书籍提供舞台，使其内在的讯息得以展示和传播。希望在未来的许多年里德雷格尔书店能继续保持这种活力！

　　科恩让布鲁日书店快速适应了互联网技术的发展，让书店的在线订购变得更容易。但他坚信"书籍将永远存在，它们将永远被阅读"。▇

一条街道和一个城市的气质，漫步米什科尔茨的书店

◎ 文／昭 觉　范立云

扫码即可阅读

米什科尔茨大多数教堂都可以进去参观

千万不要以为一个靠采矿和冶炼迅速崛起又逐渐转型的城市，就应该缺乏文化气息。匈牙利传统重工业城市米什科尔茨并不大，整个城市只有20多万人，却是一座很有内涵的城市。

如果您到米什科尔茨，只是来看看有一千多年历史的迪欧什久瑞（Diósgyőri）城堡和全欧洲最大的骑士大厅，或者体验一下这里独有的洞穴温泉，只能算是"到此一游"。

迪欧什久瑞城堡

有 600 年历史的石头剧院

欧洲最大的骑士大厅

青蛙节，米什科尔茨石头剧院的演员们以角色扮演的方式与游客交流

如果您能够在有 600 年历史的石头剧院看一场演出，到林立的教堂去感受一下精美肃穆的建筑和保存了几百年的经书，再到有几百年历史的酒窖里品一品木桶里的葡萄酒，就离这座城市的韵味不远了。

只有通过以下方式才能够真正迅速融入这座城市，感受悠闲的市井生活，既能够触摸城市居民的精神又能够游离于固定的生活方式之外：和米什科尔茨的朋友一起喝喝酒，或者在米什科尔茨随便找一家书店、咖啡屋坐坐，你会很快在精神层面走进这座城市，感受到这座城市的内在气质。这是一种很难用一两句话描述的气质。

这座城市不大，基础设施很完善：有运营了上百年的轨道交通、两个类似三甲医院的私立医院、四个商业中心，让人们能够在这里安居乐业。曾经盛极一时的采矿和冶炼工业创造了这座城市几个世纪的辉煌。18 到 19 世纪，米什科尔茨是匈牙利东北部一座以采矿、冶炼闻名的城市，因为富含大量的矿藏，这座城市迅速成为匈牙利东北部最繁华的城市，教堂、剧院、赌场、旅馆纷纷建立，各地的富商纷至沓来。

匈牙利第一批有轨电车分别在布达佩斯和米什科尔茨建成，匈牙利最早的一批铁路，也是从布达佩斯和米什科尔茨通往欧洲其他地方。如今汽车配件和电子配件工业，正在帮助这个城市从

有轨电车

传统的工业中走出来，实现新的转型。但是，无论是体制还是经济的转型，都不是一蹴而就的。在转型最痛苦的时期，这座城市曾经经历了经济衰退、收入下滑、物价飞涨、稳定的生活被打破、人们充满焦虑的低谷期。好在这种焦虑被深藏于大街小巷之中那种悠闲而古老的气质所治愈。

这种气质的稳定性，帮助这座城市战胜了怀疑、焦虑、贫困、躁动。这种气质的高傲性，让处于最艰难的时期的这座城市中的几乎每个人都参与到了决定整个国家命运的洪流之中，又保持着自己的个性。

这种发自内心、洋溢在每个人脸上的气质，从古老的石头剧

酒窖里长满酒霜的酒桶

院、两个现代化的音乐厅、三个装修一新的电影院、宏大的自然博物馆、可以进行国际比赛的冰球馆、引以为傲的足球馆，以及象征着历史的古老城堡、洞穴温泉、林立的教堂、无数的地下酒窖、将遮阳伞支撑到街边的咖啡馆、隐藏在街边的裁缝店、人们熟悉的冰激凌店和晚上热闹非凡的两条酒吧街散发出来，弥漫到整个城市之中，形成了这个城市独有的温和、自信、开朗的风格。

这种风格和这座城市随处可见的书店有着密切的精神联系。或者说，正是这些书店，把这种风格像窖藏的葡萄酒一样保留下来，让这种精神在物质生活中慢慢发酵，成为这座城市独有的气

米什尔科茨最古老教堂的看门人向我们展示这座教堂最古老的钥匙

安提克艺术咖啡书店

质。这些书店，让读者在这座古老的、并不特别有名的中东欧城市，也能和古今"匈"外的天文量子、玄幻浪漫、心理时尚、厨艺茶道相通；身处闹市，却能够迅速让内心世界安宁下来，静如处子，心游万仞。

喧嚣的闹市，安静的书屋

小城的好处是，漫步在米什尔科茨大约一公里长的塞切尼主街上，一个下午可以逛遍5家书店：位于商业中心的里拉（Lira，一种货币单位，土耳其语）连锁店、有着明亮街边橱窗的图书（Libri，意大利语）连锁店、十字路口主营教育

安提克艺术咖啡书店的咖啡和酒柜服务台

的智慧（Geniuse）书店、只有20平方米却很精致的梦工厂（Alomgyar）书店、依托邮局的重点（Fokusz）书店，以及经营了七十多年、位于酒吧一条街和塞切尼大街交界处的安提克艺术咖啡书店（Antik art café）。关于里拉、图书、梦工厂这三大匈牙利连锁书店，它们的店面风格、经营模式、合作出版商等等，我们将另文探寻。

　　本文重点介绍米什尔科茨本地的安提克艺术咖啡书店、智慧书店。安提克艺术咖啡书店其实在很长时间里被一些爱书者忽略

安提克艺术咖啡书店内景

了。因为知道它是咖啡吧的人多，知道它是咖啡馆书店的人少。但是，总有一些常客，会来这里挑一挑难得一见的旧书，在喧嚣的都市找到一个安静的角落。

为此，有人在脸书上留言说："（这个书店是）米什科尔茨最舒适的咖啡馆之一，拥有最独特的氛围！一个真正的'躲在角落里，谈人生'的地方！"还有人留言说："那些旧书给这个地方带来了很好的氛围。"

这个 50 平方米左右的书店不大，却布置得十分妥当。进门

黑胶唱片盒

我们在这里点了咖啡和点心

安提克艺术咖啡书店的酒水单

的右手边是咖啡和酒柜服务台，左边是老板的工作台和黑胶唱片盒，往里走是一个拱彤厅，暖色的灯光和玻璃窗的阳光透进来，照在四壁齐顶高的书架上，几张毛玻璃小圆桌，将整个书屋分隔为三四个相互独立的阅读空间。

我们在书店点了咖啡和点心，在角落坐下。这里的物价很便宜，两杯咖啡、一份点心，才一千两百多福林（匈牙利货币单位），现在人民币兑福林汇率正在上升，最低的时候，1 元人民币可以兑换 60 福林，现在大约 1 元人民币可以兑换 57 福林，一千两百多福林也就相当于人民币 20 多元。

书屋老板叫谷塔（Zita），这家米什科尔茨最古老的书店，是她祖上传下来的，已经有七十多年历史。在谷塔手里，这家占

右边的女士是书屋老板谷塔

安提克艺术咖啡书店内景

据着极佳地理位置的书店，终于放下了纯书店的清傲，和酒吧、咖啡吧结合起来，很快成为酒吧一条街入口处最热闹的地方，也成为年轻人最喜爱的地方。老板的生活很悠闲，忙完手里的活，就端上一杯咖啡或一杯酒，坐在门口的遮阳伞下，和朋友们聊聊天。

街边书店 70 年

安提克艺术咖啡书店开办于 1952 年，到 2022 年正好 70 年。这 70 年间，它和米什科尔茨的居民一起，见证了匈牙利的风风雨雨，见证了匈牙利十月事件，见证了这座城市转型时期的兴衰，也见证了这条大街上每年一度的青蛙节、每个月的古董市

安提克艺术咖啡
书店外景

集、每年大学毕业生的"蝾螈"矿灯巡游，以及每天无数次从门
前经过的让米什科尔茨人骄傲的长长的有轨电车。

　　这家书店还见证了这座城市的富饶，见证了 20 世纪的饥饿；
见证了欧洲债务危机期间大量企业的倒闭，也见证了能源危机期
间，物价上涨带给人们的窘迫；见证了柏林墙倒塌前，借道匈牙
利、奥地利去往联邦德国的年轻人们，也见证了俄乌冲突期间，
来到匈牙利的难民……但是，它见证最多的，还是来来往往的读
书人和咖啡客、生活的热情与梦想。正如一部老电影里的那句台

安提克艺术咖啡书店里的图片系列

词："活着，就能看见。"这家书店就是这个城市活着的地标之一，也是给活着的人们继续提供精神食粮的书店之一。

　　书店里的书不算太多，都是文艺范的古旧图书，包括历史、小说、诗歌、音乐、宗教、哲学、外国文学、旅游、运动类图书。总之，所有的图书，都与"生命的意义"相关。

　　书店老板谷塔热情地告诉我们，这里还有一些英语书，比如《牛津英语文学伴读》。当然，这里也可以找到许多20世纪

小说，总是最受欢迎的

六七十年代的老书，它们承载着那个时代的记忆。我们微笑着问谷塔："这里有没有中文书呢？"她想了想说："还真没有。"

不过，她很快带给我们一个惊喜，从书架上找来一本翻译成匈牙利语的中国最古老的诗歌总集《诗经》，其匈牙利语书名直译为中文是《中国的昨天与今天》，一本1977年翻译成匈牙利语的《水浒传》，其匈牙利语书名直译为中文叫《水岸故事》，好像与原文的意思差不多。

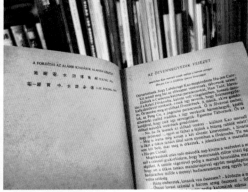

① ② | ③

① 匈牙利文版的《水浒
传》，书名直译成中
文是《水岸故事》
② 匈牙利文版的《水浒
传》内页
③ 智慧书店

　　距离安提克艺术咖啡书店几百米远，在这条街的另一头是另一家本土书店。有着20多年历史的智慧书店，在整个匈牙利北部一共开了两家。米什科尔茨这家是最大的旗舰店，营业面积约有600平方米。

　　这家书店主要面向学生，除了销售各种教材教辅类图书，还

智慧书店内景

有不少社科类图书，已不再是单纯的"教材书店"，图书的分类包括：生活方式、健康、感情、深奥的读物、美食、儿童王国、育儿世界、有声读物、爱好、休闲、外文图书、花园和家、词典、农业、技术图书、艺术、日历、语言图书、运动、计算机技术、小说、娱乐文学、教材、历史、旅行、宗教和其他图书。

　　智慧书店特别陈列了的赛珍珠小说、勃朗特三姐妹的文学著

智慧书店内景

智慧书店平摊台

赛珍珠作品

斯蒂芬·金系列作品

作。赛珍珠是第一个向西方讲述中国故事的诺贝尔文学奖获奖者，她的《大地：三部曲》享誉世界，她也是第一个在小说中如实记载了南京大屠杀的作家。让我们惊讶的是，书店里不仅有赛珍珠关于中国的作品，还布置了代表中国元素的灯笼。

　　书店专门为斯蒂芬·金（Stephen King）的系列读物开辟了一栏书架，当然，作为向青少年开设的书店，自然少不了奇幻小说、新生代作家的作品。

　　从分类上我们可以看出，书店将小说和娱乐文学分开，将古典文学和现代文学分开，这是一种严肃的分类方式，这家书店也因为严肃的经营思想，被评为"文化友好型企业"。

历史类图书

教材教辅区的布置也和其他区域不同

智慧书店门楣上面的匈牙利文意为"书店"

  智慧书店是匈牙利教材教辅类图书和延伸读物种类最全的书店之一。教材教辅类图书在大多数国家都是发行量最大的图书种类之一。一些国家的书店为了节约纸张，减少学生开支，特意成立了老生旧教材流通处，保护得好的旧教材可以在这里流通，让学弟学妹们以低廉的价格获取。

勿忘历史：书店的社会责任

  如果说，安提克艺术咖啡书店是把历史张贴在面向大街的墙上，储存在古旧的图书中。那么，智慧书店则直接把书写历史的书籍，摆放在专门的书架上，让孩子们和年轻人阅读，不要忘记法西斯政权在法西斯主义国家当政时期，给欧洲、给每一个家庭带来的灾难。成功和灾难，都是一个善于反思的民族前进途中重要的动力。

匈牙利最重要的文学著作大都诞生在 16 世纪、19 世纪、20 世纪抵抗外族侵略和反法西斯战争之后，内容或与之相关，如作家加尔东尼·盖扎创作的、描写 16 世纪匈牙利人以少胜多的埃格尔城堡保卫战的小说《埃格尔之星》，2002 年诺贝尔文学奖获得者凯尔泰斯·伊姆雷描写纳粹集中营的自传体小说《无命运的人生》，以及 1849 年在匈牙利民族独立解放运动中为抵抗奥地利和沙皇俄国联军光荣牺牲的浪漫主义诗人裴多菲·山陀尔，他

《埃格尔之星》英文版

《无命运的人生》

> „Gyöngéd a múzsa karja, ám erős
> A mű, mit alkot – ölni nem tud ő,
> De új életre költ halottakat.
> Sebet nem oszt, de rossz sebet begyógyít.
> Nem ostromol, még is foglalni tud.
> Igátlanul meghódít népeket,
> Hatalmat ád, mely nem nyom senkit el,
> Nemes szívekből népet egyesít,
> S nem mint kacér nő, ámde mint anya
> Mind boldogítja azt, akit szeret.”
>
> Jókai Mór: **Prológ**
> a miskolci színház megnyitására
> /részlet/

石头剧院的墙上，写着："缪斯的手臂很细，但很强大，她使死者重生，她用高尚团结高尚的人们。"

的《自由与爱情》被殷夫翻译成中文，介绍到中国之后，成为那个时代鼓励进步青年最重要的诗篇："生命诚可贵，爱情价更高。若为自由故，二者皆可抛。"

　　匈牙利最有名的电影《布达佩斯之恋》，也是一部深刻的第二次世界大战反思影片。这些体现在历史、文学、回忆录、电影、音乐和绘画作品中的反思，不断警醒着人们：战争并不遥远，历史并未离去，法西斯的幽灵仍然在欧洲上空徘徊。牢记历史，才会更清楚地看见现实与未来。▨

寻访东京 JR 中央线西荻洼站周边的书店

◎ 文／黄贺强

扫码即可阅读

西荻洼站南口的茑屋书店

东京西荻洼站是 JR 中央线上的一个小站，但却有着极大的魅力，吸引了二十多家书店聚集在车站附近方圆 2 公里的范围内，成为中央线上周边书店最多的一个车站。相对于神保町的书店通常晚上 7 点之前关门的状况，西荻洼周边的不少书店晚上开到 10 点甚至更晚，所以在爱书人之间，西荻洼简直就是他们心目中的"夜之神保町"。

　　书店本来是日本铁路车站的标配，每个车站附近几乎都有书店。但是，近 20 年来日本全国书店数量不断减少，媒体报道"书店休业"和"缩小营业面积"等内容非常频繁，2022 夏季版《周刊文春》还直指神保町不再有往昔的文化气氛。然而 2021 年

深受当地居民喜爱的新古书店——猫手书店。乍一看像是普通的书店，进去逛一逛发现有专业图书、写真集、漫画，品类很丰富

5 月，专业期刊《书籍杂志》(「本の雑誌」) 却编辑了《书店正在不断增加》特辑，在《独立书店年表》一文中，和气正幸指出，最近 5 年日本独立书店发展势头不错，2021 年至 2022 年 4 月就有 75 家书店开业。这引起了笔者的注意，带着对媒体报道的数据的疑惑，笔者来到了西荻洼。

从西荻洼车站南口出来，穿过嘈杂、烟火气浓郁的站前商业街，笔者看到了鸡文库（にわとり文库）、待晨堂、新神授书店（ナワ・プラサード书店）、猫手书店（ねこの手书店）、信爱书店、盛林堂书房、古书帕如月读堂（古本バル月よみ堂）、松庵文库等书店，它们有的坐落在商店街一角，有的跻身于住宅区，宛如五月花色多变的紫阳花在安静地绽放。

洛根丁书店

洛根丁书店入口，店主的藏书正在打折中

洛根丁书店

2020 年创办的洛根丁书店（ロカンタン）坐落在住宅区内一条安静的街道上。店名取自法国哲学家萨特的小说《恶心》中主人公的名字，店主萩野亮身兼影评人，书店以电影相关图书为中心，除入口处一小部分店主自己的藏书之外，其余都是哲学、摄影、戏剧、美术、服装设计类等新书。在海报、版画的装饰下，书店不禁让人感觉有点店主所说的象征西荻洼的"亚朋克"精神。

走进书店，店主并不主动与我搭话，但对我的提问，他予以了热情的解答。为什么选在 2020 年新冠肺炎疫情期间开店呢，经营艰难吗？萩野说："我 2011 年来到西荻洼，非常喜欢这里的生活节奏，所以决定一直住在这里。现在，我把住家的一部分拿来开了这个书店。我不会大量进货，每一本书都是自己认真读过、精心挑选的。比起畅销书，我更想摆放能让读者反复阅读的书，虽然这么做需要多花费一些时间才能把书送到读者手中。不过，这也积累了信用，现在也有不少人从远处来到我这个小书店。"

书店面积不大，但在显著的地方摆放了一张浅绿色的双人沙发。萩野说："读者可以坐着悠闲地看书。我不想把自己的兴趣强加于人，其实有些读者比我更懂书，我提供交流的空间，也是为了更精准地为读者挑选书。"在萩野的推荐下，笔者购买了一本《书店连接亚洲》(「本屋がアジアを繋ぐ」)。

啤酒书店

啤酒书店中的出租书柜

啤酒书店

离开洛根丁书店，笔者走访了啤酒书店（BREWBOOKS 书店），这也是一家独立书店。书店更靠近商店街，紧挨着西荻南儿童公园，蓝色镶边玻璃门、窗框和红砖特别醒目，让行人很想进去探个究竟。

"独立书店"这个名词最早出现在《新闻周刊》1999 年 12 月的日本版上，而在这之前杂志《气流》（「Winds」）1991 年 4 月刊用"街头书店""个性派书店"等词来描述这些有别于日本大型书店、连锁书店的独特书店。不过，店主尾崎大辅对这样的定义不以为然，可能对他来说，开书店既是一种谋生的手段，也是一种生活方式。实际上，开店之前，店主尾崎在西荻住了近十年。"书和啤酒是我自己喜欢的东西，觉得应该会有人和我有一样的兴趣吧，于是就萌生了开书店的想法。"

不过，在书店不断关门的时代经营书店并不是一件容易的事。所以，所谓的独立书店的经营模式往往是"书 +X"，即一边卖书，一边做其他业务。啤酒书店一楼是新书区域，以人文类图书为主，约有 2000 册。二楼是一个摆放着古董家具的榻榻米空间，除了新书还集中放了店主尾崎大学时代读的村上春树的作品系列。这家书店的招牌就是读者在买书之余还能在书店的二楼喝上该店专门定制的啤酒。店主尾崎认为，比起卖书，为爱书人提供一个彼此交流读书心得的场地也很重要。读者多了在一起就会产生火花，啤酒书店在读者的建议下举办了漫画会，目前还定期开着俳句会。

和店主有同样想法的人为数不少，但很多人无力开办一家正式的书店，所以就租借啤酒书店的书架，摆上自己推荐的图书或自费出版物成为店中店。笔者观察了一下，发现有十多个书架租借者，据说最多时有三十多人开了这样的店中店。这些店中店店主选择的书都非常有特点，给书店带来了意料之外的销售和新读者。看到收银台处提示可以用支付宝支付，笔者很想试试，但店主尾崎一脸抱歉地说，目前还没顾客使用过。

疫情当然影响了书店的经营，但店主尾崎满怀信心地说："实际上，书店并不是我一个人开的，创业 4 年以来，书店借助了读者的力量才维持下来。现在解封了，状况会有所好转。"

今野书店

西荻洼车站北口有一条伏见街，很多人可能并不知道这条街名，但一定知道这条街周围的人气书店，如今野书店、森田书店、忘日舍、古书音羽馆、旅游书店野窗（旅の本屋のまど）、古书西荻艋胛堂（古书西荻モンガ堂）、托马斯书店（トムズボックス）。今野书店目前是该地唯一的一家综合性中型新书书店，1973 年从上野迁至西荻，常年备货 8 万册。该店的日本广播协会教材的签约读者人数在全日本个人经营的书店中独占鳌头。店主今野英治感慨地说："本来，西荻最多的时候有七八家新书书店且规模都不小，但相继关门了，我也两次处在破产边缘。这两年来因为疫情发生，书店不得不缩短营业时间，但从 2021 年 3 月开始销售额持续增长。"今野书店读者购书率达到 40%，工作

左：围绕西荻洼和附近车站的主题书籍
右：父亲节期间集中推荐的书

人员的选书能力自然很重要，但也可以说当地居民的阅读需求支撑了这家个人经营的新书店。

古书音羽馆

JR 中央线是人文荟萃的地方，自从大正末期到昭和中期，日本多位文豪如太宰治、与谢野晶子、井伏鳟二、川端康成、梶井基次郎、小林多喜二、栋方志功等都曾在这一带住过，他们的足迹遍布在中央线沿线的高圆寺、阿佐谷、西荻洼，一直到三鹰一带。现在，在西荻洼仍然住着不少作家，他们也喜欢逛古书店，在书店里时不时能看到他们的身影。比如，位于离车站不远的一个街角的古书音羽馆，是一家具有西荻风格、品种齐全的古

古书音羽馆

书店。住在西荻的著名女作家角田光代常去光顾。角田特别喜欢田中小实昌的作品，店里一进货就会通知她，而角田也时常拜托书店帮她买书。

旅游书店野窗

从今野书店往西走不久就是旅游书店野窗。这家书店开业于 2003 年，当时开在吉祥寺旅行代理店的一个角落，2007 年搬到西荻后有了一个比较宽敞的店面。店主川田正和说，开旅行主题专门店的灵感来源于他在大学时代打工存钱作长途旅行的经历。书店一开始以售卖实用的旅游指南为主，在营业中川田察觉到其实每个人旅行的方式都不一样，有人被美食吸引，有人想去看风景，也有人是为了了解一段历史或学习某个国家的语言去旅行。所以，就发展出以旅行为关键词，包含音乐、宗教、料理、

旅行主题专门店——旅游书店野窗

历史、摄影等各类主题图书的经营模式。但书店并不拘泥于古书和新书，这吸引了不少读者。由于疫情，现在很难去海外旅行，所以目前能让人重温旅行的游记和关于日本国内深度旅行的图书比较受欢迎。古人喜好"卧游"，看来这家书店的读者也喜好"神游"吧。

静置发酵时间书店

静置发酵时间书店（Benchtime books）是一家风格简约的书店。虽然离西荻洼站稍微远一点，但其手工制本的特色吸引了稳定的客户群体。推开店门，一根原木树枝上悬挂着店长原创的木版画诗歌页。复古象牙色的画框里摆放着昭和初期的精选文库、儿童文学、绘本，走上三个台阶，就是店长高田的版画工作室了。高田是位年轻的艺术家，被书迷住了，所以干脆以书的形式创作她的作品。高田拿出正在制作的书给笔者看，为了追求活字字体效果，高田从旧书上把自己想要的字一个字一个字地切割下来，再编辑成自己的文本。从内容开始，设计、装帧全部原创。2019 年 4 月开店以来，定制类手工书得到了很好的反响，占到书店销售的相当份额。

为什么使用面包制作中的静置发酵工序（benchtime）来作店名呢？高田说，面包饧面发酵之后，整体松弛，这时就容易整形做出理想的造型和松软的面包了。看似什么都没做，但这却是非常重要的工序。阅读、踏踏实实创作，也可看作是为了进入下一个阶段的静置发酵工序，并且读书和创作都需要有不被任何人

静置发酵时间书店

店长高田和她的版画工作室

打扰的"最幸福的时间"。这么一解释，笔者才明白为什么进入书店时完全没有人招呼，那时店长高田女士坐在二楼正着迷地看着书，我仿佛进入了一家无人书店。

中野书店

在静置发酵时间书店不远的地方，还有一家在东京也算是很有个性的中野书店，店名后面还加了古本俱乐部的字样。书店约有 10 万种图书备货，且有许多著名作家的签名本、珍稀本，所以也是名副其实。中野书店每年定期举办古书祭，但是平时只接

中野书店

待预约的客人，如果没有预约是不能进入书店的。对了，还有一家只在周末营业的托马斯书店，主要经营绘本。店主公然宣称不喜欢小资情调，喜欢教授读者制作绘本。这些书店都彰显了西荻的书店的特征。

一圈走下来，蓦然发现，围绕 JR 中央线上西荻洼站的二十多家书店几乎涵盖了新书书店、新古书店、古书店、独立书店这四个日本典型的书店类型。虽然有不少逆势而上新开设的店，但原有的书店陆续关闭了不少，2022 年 3 月永恒书店（TIMELESS）公告了闭店通知，而在这之前，在西荻洼经营了75 年的古书店花鸟风月在 2020 年也关闭了。显然，书店的经营环境在不断恶化，唯有用心经营、保持特色才能坚持下去。

JR 中央线在西荻洼和吉祥寺之间原来是没有车站的，1922年，在这里出生的东京府议会副议长疏通日本铁道省关系，增设了西荻洼站，到 2022 年正好是 100 周年。在走访之际，也没遇到特别的纪念活动，气氛一如既往，或许正是如此的平常气氛，才是西荻洼站周边的书店赖以生存的土壤吧。▮

每一座城，都有一家独一无二的书店

◎ 文 / 高鋆伟　卢倩倩

扫码即可阅读

萨义德书店外景

在巴基斯坦首都伊斯兰堡生活的中国人，住得时间长了会有些小抱怨。除了人马座商场、周边景点，这里缺乏休闲娱乐的场所，设施齐全的小型公共体育场地也少见。

不过如果你对书有兴趣，倒有一个好去处——位于伊斯兰堡的萨义德书店（Saeed Book Bank），巴基斯坦最大的书店。

伊斯兰堡占地面积906平方公里，位于巴基斯坦东北部的波特瓦尔高原，城市设计格局规整，多条交通干线垂直相交，把市区划分为面积均等的大区块，犹如棋盘的方格，城区只有一条快速公交线路，连接伊斯兰堡及其邻近城市拉瓦尔品第，全长约23公里，设有24个车站。巴基斯坦的书店比较少，独立书店就更

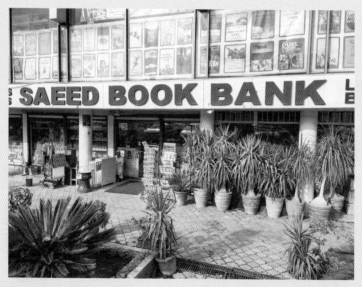

萨义德书店招牌

少了，在那里读书、买书的人也不多。

　　萨义德书店2000年正式开业，占地面积约1700平方米，每周营业7天（10:00—23:00）。

　　书店共有三层，品种齐全、分类细致。一楼销售的是畅销图书，包括伊斯兰文化类、印巴文化类图书，小说，旅游图书等，杂志；二楼为儿童天地、乌尔都语书专区，由于历史的原因，英文与乌尔都语读物在这里占大多数，也有文具、笔记本、明信片等；三楼销售各种专业图书及工具书。店内陈列的图书超过20万种，总的备货超过400万册，陈列的图书种类和库存量都非常丰富。

书店共有三层

店内陈列的图书超过 20 万种

　　众所周知，中国与巴基斯坦关系很深厚，因此有关中国的图书不可或缺。据店主介绍，早年间书店陈列的与中国相关的图书以丝绸之路、佛教、考古等为主题，比如研究巴基斯坦知名考古遗迹塔克西拉（唐玄奘西行取经时讲经地的遗址）的图书，一度很受欢迎。现在，有关中国政治、文化、艺术等主题的图书变得更受欢迎了。介绍中国领导人的图书，以及基辛格《论中国》等外国人写中国的图书都非常受欢迎，分析中国变革的专著有多种，讲去中国旅行的图书也很好卖，甚至有中国少数民族服饰画册、《神笔马良》《易经》等让人意想不到的中国文化相关图书。随着两国交流的紧密，越来越多巴基斯坦学生去中国留学，想和中国做生意的商人也越来越多，"中文热"在巴基斯坦成为一种现象，中文学习读物热销，逐渐扩张成专区，以便读者学习中文。在这里，一个中国人可以找到浓浓的中国味，感受到巴基斯坦朋友对中国的好奇，以及他们想要更多了解中国"铁哥们"的热情。

"中国与巴基斯坦不仅是朋友，更是兄弟"，一位叫费萨尔

萨义德书店售货员

的读者说。他自言对中国很熟悉，但对有关中国的图书不太熟悉，随着两国致力于中巴经济走廊建设，人员往来愈加频繁，"我想深入了解中国文化，以后肯定会多读中国图书"，费萨尔说。萨义德书店拥有很多传奇故事。1955 年，出身贫寒的萨义德·江·库雷希（Saeed·Jan·Qureshi）在巴基斯坦西北边陲白沙瓦创办书店，多年后将店迁至首都伊斯兰堡。

2015 年，书店的创始人、所有者萨义德不幸去世，享年 77 岁。书店开业几十年里，萨义德总是对偷书的孩子非常宽容。所以在他去世之后，有很多受过书店恩惠的人来到书店悼念善良的萨义德，支持书店，回馈儿时萨义德对他们的恩情。

萨义德曾说，他的书店从空间和藏书量而言，是南亚最大的。虽然伊斯兰堡城市不大，人口数量约 190 万人，但其实拥有很大的图书市场。当地官员、各国外交人员、众多的老师和学生等都具有很好的购买能力。

萨义德在 F11 区也经营着一家同样的书店，不过规模较小。F7 区距离 F11 区约 4 公里。其实，书店从某种意义上来说，也可以看作老人家的一个孩子。以前，萨义德每天都会来到 F7 区的书店，每周去 F11 区的书店两三次。现在，两个店由他的两个儿子经营着。萨义德书店有自己的网店，读者可以直接网上购书，巴基斯坦国内的较大城市都可以快递送达。周末的一个午后，我在书店买了一本书，坐在一家静谧有格调的咖啡店阅读，无论是在中国还是在巴基斯坦，这对于闲暇中的人们而言，都是一种享受！

大将书行
——"大将"不是自许，而是愿景

◎ 文 / 柯丽凝

扫码即可阅读

1997 年，大将书行开业

马来西亚位于东南亚中部，全国人口接近 3300 万，主要民族是马来人（69.4%）、华人（23.2%）、印度人（6.7%）。华人多聚集在大城市，如乔治市和吉隆坡，近年节育、移民、经济等因素造成华人所占人口比例逐渐下降。历史上，华人是在经济和商业方面占主导地位的社群，占乔治市、怡保、吉隆坡、诗巫、芙蓉、新山等城市的大多数人口，而怡保和乔治市也保留了丰富的中华传统文化。

马来西亚书业现状

1969 年成立的马来西亚出版协会（Malaysian Book Publisher Association, MABOPA）现有会员逾 200 家出版社。以促进产业合作和有关出版的图书流通、版权交易、知识产权保护、数字出版、电子商务、书展、阅读等为己任，扮演着出版社和政府间桥梁的角色。

马来西亚书业公会（Malaysian Booksellers Association）主要：贩售教材、作业簿和文具；筹办大型书展；代表会员向政府发声或争取会员的利益。基于理念、市场定位及顾客层面的不同，一般华文书店并不热衷加入马来西亚书业公会。

马来西亚最大的连锁书店大众书局，是来自新加坡的连锁书店，同时在马来西亚和印尼有分店。马来西亚第一家大众书局在 1984 年成立，目前有近百家书店，涵盖全马来西亚 13 个州，核心业务分为：图书（英文、马来文、中文）、教科书 / 教材、文具、影视品和电子器材。

2020 年乔迁后的大将书行

　　类似的大型连锁书店还有MPH书局（MPH Group）、BookXcess书局、纪伊国屋书店（Kinokuniya）等，大多坐落在商场中，人流量高，地理位置也相当显眼。这些大型连锁书店都属于外资书店。即将在马来西亚开业的外资书店还有马来西亚茑屋书店（Tsutaya Books Malaysia）和诚品书店（Eslite Bookstore）。

中文书店市场小众

　　中文书店在马来西亚是一个矛盾体。虽然华人占总人口近四分之一，但其中还有不少人不会说、不会读和不会写中文。中文书店在马来西亚的服务对象仅限于使用中文的群体，市场小众。

一直以来，主导中文图书市场的大型连锁书店和其他外资书店占据主要流通渠道。财力雄厚的连锁书店来势汹汹，宣传铺天盖地，加上媒体的推波助澜和社交媒体的网红效应，很多消费者也就只知道大型连锁书店。

销售中文图书的独立书店寥寥可数，仍在经营的有：学林书局、月树、文运书坊、学乐书苑、城邦、在路上（On the Road）、大将书行等。其中，学林书局和大将书行是纯卖书的书店，店内所有的空间都让位给书架，塞满图书，几乎到天花板，书架与书架之间只留下一人堪可行走的通道。月树、文运书坊、学乐书苑、城邦和在路上等书店均兼营其他项目，例如设置座位供应餐饮、开办课程、场地租赁等，以求增加收入。

开业 10 年以上的中文独立书店除了经营实体店，大部分也各自设立了网店，为大城市以外的乡镇读者提供网购服务。它们各有主打图书，选书各具特色，拥有一定的读者群。像月树是以性别平权议题、人文关怀类图书和女性作家作品为主；学林是销售中国大陆文史哲图书的领头羊，是马来西亚各大中文院校和中文系所师生们的朝圣地；文运书坊旗下有出版社，主要书种是政治、经济、文化、历史类图书，有关东南亚研究的英文和马来文著作应有尽有，近年着重陈列相关的中文作品；大将书行近二十年以本土研究的中文图书为主题，拓展各类图书馆和研究中心客户，兼营各语种二手书，2019 年 9 月在吉隆坡老街区苏丹街增设二手书店（Pop-Up Second-hand bookstore），以店中店模式合作，主要服务传统华人老街的市民和游客；城邦长期经营中国台湾出版的图书和杂志，可以做到同步发行上市，价格与中国台湾相差无异，这些年累积了强大的忠实中文书读者网络。其他为数不少的经营者大都采取复合经营的模式，例如把书和餐饮、书和生活精品、书和设计用品组合，特别是提供"书 + 咖啡 + 轻食"的特色店如雨后春笋般出现，这些书店标榜文青风或是走生活休闲文艺风格，虽然店面都会设立一两排书架陈列图书，但严格来说并不能称为书店。开了一间又一间，很快又不堪残酷现实的打击关门，人、店更迭。

马来西亚中文独立书店是规模小而低调的存在，选址多在不显眼的位置、老马识途者才找得到的地方。经营独立书店的老板天生"反骨"（月树老板语），"知其不可为而为之"（大将书行创办人语），"利用市场漏洞"（文运书坊老板语）。想要改变社会主流、改变被连锁书店垄断的图书市场、改变读者的阅读口味，想要改变的事情很多，还没有做到的事情更多。独立书店选书有特定主题，不随波逐流、不迎合市场，必要时候还会充当读者教育者的角色。独立书店缺资金、缺读者、缺空间、最不缺的就是有个性的老板。老板个个身兼多职，卖书、批书、搬运书、摆书摊、办活动、十八般武艺样样通；要很努力、很勤劳、很主动；要宣传、要合作、发稿件、做书讯；要通 IT、搞社媒、善于编织人际网。独立书店就是小而特别、专而美的存在。中文独立书店在马来西亚面对的最大现实问题除了缺钱，还有缺人。有没有人

2022 年大将书行现址

愿意经营？有没有人愿意坚持？有没有人愿意支持？

大将书行的前世今生

　　大将书行，1997 年在马来西亚吉隆坡创办。起名大将，是希望国家与华人社会中出现更多的大将。大将书行经营至今迈入第 25 年，有人说是奇迹，经营者心想的是累积，为华人社会累积文化厚度，为国家累积知识深度。

　　大将书行成立之初，作为马来西亚第一家中文主题书店，想的是如何提升国家与华人社会读者的阅读水平，提出了"终身学习"的理念与"人才学习、人格学习、人文学习"的渐进范围。以出版社分类分橱的陈列方式传播出版理念，拓展了当时中文阅读的时间和空间，每年都会筹办人文活动，形式涵盖书展、座谈会、讲座会、读书会、大型演讲、街头表演、文化艺术展览、造街行动等，体现一个生命力强劲的文化创业体。前后举办过不少

于 1000 场的人文学习活动。除了缘起"吉隆坡文化街"的总店，先后在"吉隆坡文化街"、新山、巴生、八打灵查亚、吉隆坡开办过 18 间大小各异不同风格的分店，企图解读和呈现阅读的多元面貌。2001 年首创马来西亚 24 小时不打烊书店，抚慰了许多深夜不眠的灵魂。

大将书行最早的店面选址在吉隆坡市中心茨厂街附近，立地与紫藤总部同排，准备重新定义"吉隆坡文化街"这一传统华人社群舞台。20 世纪八九十年代，这条街只有一间紫藤茶坊办文学讲座、唱本地创作民歌、喝茶、吃点心、文友集会。十年之后，

《大将风》书讯

当年办讲座的人开设大将书行，唱民歌的人当了歌手、创办民歌餐厅和音乐工作室，烹茶品茶的人开了茶行茶餐馆。这些人用不同的事业构成一街文化，把文化变成珍珠，把珍珠串成一条链。

1997年12月31日，紫藤、大将书行、海螺鼎力落实"吉隆坡文化街"的概念，联手策划主办属于新兴文化的"今夜不打烊"倒数迎新及通宵活动。1998年年终，"今夜不打烊2.0"更为成功，有自己专用的标识。

1998年，大将书行周岁之前率先在吉隆坡联合同业先进、报馆及教育机构，向国人推介"世界读书日"，主办"书香日千种风情活动"，不只可以读书，还可以读人生、读时间、读空间；不只可以买书，还可以晒书、送书、跟书约会，在欢愉喜"阅"中度过这个日子。

1999年9月24日，20世纪末最后一个中秋，《南洋商报》联同大将书行、商务印书馆、Ou Café在吉隆坡文化街演出一出"世纪末的华丽"的街头文艺表演，把20世纪初的人、事、物带到观众眼前，让人恍似置身于旧上海滩的十里洋场。

大将书行的重点事件尚有"世界读书日"首度在马来西亚推介、"马华文学出版十年展"、"全国中学生读书营"、"图书馆主任交流会"、"发现之旅——文化街一日游"等。

大将书行经营者表示："主办大量活动，吸引万人参与，并不是我们的最终目的。我们的目的是让所有接触和参与活动的人，都觉得这是可为的事业，并且愿意跟着我们的脚步继续走。只有更多的人投入，用更多的形式去做，我们的文化事业才能百

花齐放。经验告诉我们，只要肯站出来做，就会有更多的资源靠近我们，而我们也可以接近更多足以用来改善社会条件和生活品质的资源。"

2020 年新冠肺炎疫情在全球蔓延，3 月始马来西亚全面封锁三个月，进而的观察管制和有条件开放的措施一直实行到年底，疫情的这一波冲击力度影响巨大，大将书行于 2020 年 6 月关闭位于市中心的门市，搬迁到吉隆坡近郊的一个住宅区，除了财务上的止血（租金 + 营销费用）以外，书行经营者同时思考在面临严峻压力的时刻，以及在无可抵抗的外在风险下，他们还能做什么？怎样做？大将书行的现址是一所民居，这里也是笔者出生成长的地方。在行动受限制的时候，居家办公势必成为常态，把书店搬回离家近的地方，除了顺应形势，也是一个不破不立的动作，经营者摒弃了非商业区不可开店的想法，认为凡有人的地方也可以立一家书店。所以经营者保留了吉隆坡老街区的二手书店（店中店），把大本营设在新址，逐步落实经营一家"社区花园书坊"实体店的计划。

大将书行的主要门店有：吉隆坡文化街总行（1997—2007），曾经是马来西亚首都文化地标之一；谷中城店（2000—2006），口号"The Window To The Chinese World, The Chinese

大将书行内景

Window To The World"，将"阅读＋学习"打造为国人休闲的新主张；新山彩虹店（1999—2003），定位为知识分子书店，每周五晚间举办"约会Bookcafe"座谈会，邀请文化、文学、艺术、企管、财经、政治、心灵、音乐等各领域学者专才来开讲，成为社区论坛、思想交流的空间，推动了当地文化发展；港岛恋·槟城皇后湾店（2006—2007）、港岛恋·巴永安镇店（2008—2009），港是巴生港，岛是槟榔屿，书店恋上两处深蕴文化之地，以阅读空间参与其盛，共振文化元素，两地因了解而相互丰富；柔佛再也巨人店（2000—2002），其书香在基层传

大将书行一角

递、扎根。

过去的日子，大将书行曾经风风光光，也跌跌撞撞，但始终努力前行。

25 年前的马来西亚，华人长期读不到中文版书籍，因而无法深入了解这片土地，及其人、事和物。这种因阅读和出版的欠缺而产生的疏离，其实也是一种文化危机。以大将书行为代表的诸多中文书店，经过二十多年深耕马来西亚中文图书市场，培养中文书写作者，鼓动阅读风气、扩大读者群、丰富阅读层次，在马来西亚图书市场已占有一席之地，而大将书行则是马来西亚本土研究甚至东南亚华人研究图书藏书和存书最丰富的书店之一。▊

后　记

◆ 汪耀华

　　见到《全球书店步行（第二辑）》的校样，就该循"惯例"（当然这种"惯例"也是自定的）写篇后记，记录一些相关的人与事，以便重现当时的情景。

　　本辑收入的 20 篇文章，也是由我一个个邀稿、一篇篇签发而在"上海书展"微信公众号上首发的，经数十位友人的微信和微博转发，总也有万余次的阅读。这自然还未达到理想的境界。

　　成书之前，我邀请了 18 位业内同事对书稿进行了审读点评。综合评审意见（设定了可推荐、可收集、需修订三档），排列"可推荐"第一的是李璐《天堂书店——13 世纪荷兰教堂里的书店》；并列第二的是李璐《去左岸！做一棵莎士比亚书店的风滚草》、刘健《探访菲尼书店，感觉到经营者的认真态度和拳拳之心》；并列第三的是张洪凌《对基辛格说"不"——特立独行的左岸书店》、高牧云《在牛津寻访书店》、郭靖伶《中世纪古城的老书店》、王竞《小而美的秘密——萨克森门书店的故事》、齐政文和谭轩《日常之飨——漫步厨与书书店》等。

遵照审读建议，我等编辑对列入"需修订"的文章重新加以删改，力争使其更贴切、更到位。虽然没有要求审读者进行点评，但他们总有相同的感悟。

上海教育出版社社长缪宏才认为：以"全球书店步行"为切入点，邀请作者结合亲身经历，撰写游览世界各地著名书店的文章，带领读者领略不同的文化气象，感受不同的异域文化，对于丰富读者文化认知有着很好的参考价值。这20篇文章将个人对书店的认识、对阅读的体悟、对文化的热爱，通过浅显易懂的文字娓娓道来，可读性、实用性都很强，带给读者如临其境的感受，也为国内书店运营，特别是数字化时代运营提供了可资参考的实施路径。

上海悦悦图书有限公司董事长邹斌表示：《全球书店步行（第二辑）》内容翔实、图文并茂，普通读者可以通过阅读本书云逛全球书店，而书店从业者可以从中学习和借鉴，更好地提升书店服务的品质，值得推广。

本书的作者通过探索全球形形色色的连锁书店＆独立书店、著名的书店＆非著名的书店、大众的书店＆小众的书店、历史悠久的传统书店＆新型融合性书店等，通过步行探店、记录分享，使我们获得了一份美味的精神大餐，很多读者或留言或见面时这样表达着。

文章的作者中有书业经营者、曾经的书业从业人员在海外工作或者游学的子女，亦有作家、演员、新媒体工作者，甚至还有联合国工作人员……这些分布在全球的华人，因为爱书而聚集在"全球书店步行"栏目之下，向我们发来一篇篇精彩的文章。他们探访书店、采访经营者、介绍异国的风土人情、享受淘书的乐趣，试图找出这些书店经营的秘诀……这些域外闻名遐迩的老店、名店，有很多具体的经营实操经验值得业者参考借鉴。

20篇文章风格迥异，有的可以从中读出步行者的快乐，有的可以读出经营者的艰辛，也有的可以读出从业者的"痛并快乐着"。在新冠肺炎疫情在全球肆虐的日子里，实体书店的日子都不好过，但是从本书中可以看到经营者在困境中的豁达和乐观，以及在书店危急存亡之秋扭转乾坤的本领。印象最深的是德国汉堡一家小小的独立书店——萨克森门书店。2020年春夏，德国因新冠肺炎疫情实施全国管控，只有超市、药店被允许正常营业，包括书店在内的其他实体店面一律关门。萨克森门书店想出了一个巧妙的求生策略，读者可继续在网上或通过电话订书，店员和老板骑单车给大家免费送书上门。管控结束后，步行街上好几家商店都倒闭了，萨克森门书店反而赢得了更多的读者。书店唯一的全职员工柯诗乐说，管控期间影院、博物馆、音乐厅都关门了，重拾阅读的人反而多了起来。这类故事在本书中比比皆是，让人为之感动。

感谢这些新朋旧友式的作者，为我们分享了值得"卧游"的经历，更期待同业者由此稍稍地改进一些、进步一些，使书店更加有滋有味。

上海市书刊发行行业协会在李爽会长的带领下，继续行走在服务会员、服务行业、服务社会、服务政府的正道上。我们希望给业者、读者分享一些有趣的、有益的案例或故事，"全球书店步行"只是其中一部分内容，之后还会有更多精彩、更多故事……▨

图书在版编目(CIP)数据

全球书店步行. 第 2 辑/汪耀华主编. —上海:上海人民出版社,2023
ISBN 978-7-208-18225-7

Ⅰ. ①全… Ⅱ. ①汪… Ⅲ. ①书店-介绍-世界 Ⅳ. ①G239.1

中国国家版本馆 CIP 数据核字(2023)第 059003 号

责任编辑 张晓玲　周文臻
封面设计 王　蓓

全球书店步行(第二辑)

汪耀华 主编

出　　版	上海人民出版社
	(201101　上海市闵行区号景路 159 弄 C 座)
发　　行	上海人民出版社发行中心
印　　刷	上海盛通时代印刷有限公司
开　　本	787×1092　1/32
印　　张	9
字　　数	175,000
版　　次	2023 年 6 月第 1 版
印　　次	2023 年 6 月第 1 次印刷
ISBN 978-7-208-18225-7/G·2147	
定　　价	88.00 元